스티브 잡스의
프레젠테이션

KB206817

그는 어떻게 청중을 설득하는가?

스티브 잡스의 프레젠테이션

초판 1쇄 발행 | 2012년 3월 20일
초판 22쇄 발행 | 2016년 6월 10일

지은이 | 김경태
펴낸이 | 정연금
펴낸곳 | 멘토르

등록 | 2004년 12월 30일 제302-2004-00081호
주소 | 서울시 광진구 능동로 331 2층
전화 | 02-706-0911
팩스 | 02-706-0913
내용문의 | mentor@mentorbook.co.kr
ISBN | 978-89-91767-23-2 (03320)

Why?
Steve Jobs'
Presentation

프레젠테이션이 아니라
하나의 완벽한 드라마다!

| 김경태 지음 |

스티브 잡스의
프레젠테이션

그는 어떻게 청중을 설득하는가?

메
토르

현대 사회에서 가장 중요하게 부각되고 있는 프레젠테이션에 관한 전문 서적이 한국에서 출간되었음을 먼저 축하드립니다. 이미 한국의 프레젠테이션 교육 분야에서 명성을 떨치고 있는 김경태 원장이 저술한 이 책은, 읽는 이로 하여금 프레젠테이션의 마력에 흠뻑 빠져들게 만듭니다. 스티브 잡스의 훌륭한 프레젠테이션을 통해 독자들의 프레젠테이션 스킬을 비약적으로 향상시키는 노하우를 제공하게 될 것입니다.

많은 비즈니스 프레젠터들은 평소 효과적인 프레젠테이션 방법에 대하여 잘 이해하지 못할 뿐 아니라, 때로는 공포감마저 갖고 있습니다. 자신의 프레젠테이션 이외의 것을 경험해 보지 못했기 때문이지요. 이러한 문제를 바로 이 책이 해결해 주는 듯합니다.

즉, 나의 프레젠테이션에서
첫째, 무엇을 전하고 싶은가?
둘째, 어떻게 전하려 하는가?
셋째, 왜 그 방법이 필요한 것인가?
넷째, 어떤 성과를 얻고 싶은가?

이 책에는 이런 네 가지의 프레젠테이션 구성과 관련된 의문과 어려움에 대한 답변이 알기 쉽게 설명되어 있습니다. 그래서 비즈니스에 종사하는 모든 임직원과 특히 프레젠테이션 실무자라면 반드시 읽어야 할 매우 훌륭한 필독서라 믿어 의심치 않습니다.

이 책을 통해 여러분의 능력 향상과 성공을 기원합니다.

2006년 5월
일본 동지사(同志社)대학 비즈니스 스쿨 마케팅 · 국제경영 교수
한 · 일 마케팅 포럼 공동대표   하야시 히로시게(林廣茂)

승리하는 프레젠터의 필독서

오늘날과 같은 치열한 경쟁사회에서 승자가 되기 위해 모든 기업과 조직은 물론, 심지어 국가까지도 피나는 노력을 경주하지 않을 수 없게 되었습니다. 그러기에 지금까지 '승자가 되기 위한 가장 효과적인 길'을 찾기 위해 수많은 전략과 이론, 그리고 기법들이 개발·보급되어 왔습니다. 특히 그 중에서도 가장 중요하게 떠오른 과제가 바로 '성공적 프레젠테이션 기법'이라 하겠습니다.

지금 이 순간에도 조직과 조직 간의 의사전달, 거래선과 계약자의 결성, 심지어 올림픽 개최국을 선정할 때에도 프레젠테이션을 통해 최종 결정을 한다는 사실은 프레젠테이션이 곧 '승자와 패자를 가르는 잣대'로 부각되고 있음을 시사하고 있습니다. 따라서 각 분야의 전문가들과 마케터는 물론, 전 산업체의 조직원들은 효과적 프레젠테이션 기법 찾기에 목말라 하고 있습니다.
바로 이런 때에 'C&A Expert'의 김경태 원장께서 그들의 갈증을 해소시켜 줄 저서를 펴냄으로써 이 분야에 가뭄의 단비를 내려 준 것은 우리 모두에게 큰 기쁨이요, 보람이 아닐 수 없습니다.

저자는 오랫동안 이 분야의 전문가로서 국내외에 그 명성을 떨쳐 왔습니다. 수많은 실전 경험과 강의, 그리고 끊임없는 연구를 거듭하여 그동안 사각지대에 놓여 있던 프레젠테이션을 비롯한 비즈니스 커뮤니케이션의 지식과 스킬을 널리 전파하였으며, 이 분야가 오늘의 발전을 이루는 데에 크게 기여해 왔습니다. 뿐만 아니라 지난날, 유명 광고회사의 기획자로서 핵심을 찌르는 최상의 프레젠테이션을 제공함으로써 90% 이상의 성공률을 이루어 낸 진기록도 보유하고 있습니다.

이는 마케팅 활동에서 가장 중요한 핵심이 '고객에 대한 설득(persuasion)과 영향(influence)을 주는 것'이란 점과 "가장 성공적인 마케팅이란 고객의 뇌리에 하나의 단어를 심는 것이다."라는 격언을 상기할 때 성공적 마케팅에 있어서 프레젠테이션이 얼마나 중요한가를 명확하게 보여 주는 사례라 하겠습니다.

이 책에서는 성공적 프레젠테이션을 위한 스킬의 배경과 필요성, 기대효과 등에 대하여 상세한 설명과 분석이 정교하게 정리되어 있습니다. 따라서 이 책을 읽는 여러분들은 새로운 승자의 길을 일깨워 주는 '죽비소리'가 될 줄 믿습니다. 아울러 이 책이 귀하가 실행할 프레젠테이션에서 고객의 가슴에 잊을 수 없는 감동과 영향력을 미치는 데에 귀중한 지침서가 될 줄 확신하는 바입니다.

2006년 5월
한 · 일 마케팅포럼 회장 함 광 남

Contents

Steve Jobs' Presentation

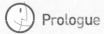 Prologue

전 세계에서 매일 3,000만 건 이상의 프레젠테이션이 이루어지고 있습니다. 날마다 수많은 기업과 단체들이 프레젠테이션을 통해 새로운 거래선을 선정하고 경영의 새로운 방향을 제시합니다. 제조업, 건설, 금융, 법률, 도·소매업, 통신, 부동산, 교육, 공공기관, 개인 서비스에 이르기까지 이제는 모든 작업에 프레젠테이션이 동반됩니다. 적게는 수십, 수백만 원에서 많게는 수백, 수천억 원의 계약이 모두 프레젠테이션을 통해 이루어집니다.

프레젠테이션은 몇몇 후보자 간의 경쟁 형태로도 이루어지는데, 이때 선택받는 사람은 오직 한 명뿐입니다. 즉 승자인 한 사람을 제외한 나머지는 모두 패자가 되지요.

"The winner takes it all
The loser has to fall"

'승자가 모든 것을 차지하고 패자는 초라한 모습으로 남겨진다' 는 아바ABBA의 노래처럼, 승자가 샴페인을 터뜨리며 축배를 들고 있을 때 패자는 한숨을 쉬며 밀린 청구서를 정리해야 합니다. 프레젠테이션이란 바로 그런 것입니다. 그래서 반드시 승리해야 합니다.

기존 거래선을 지키거나 새로운 거래선을 영입하기 위해 프레젠테이션을 하는 것은 이제 당연한 일이 되었습니다. 때문에 많은 회사와 개인이 프레젠테이션 스킬을 익히기 위해 노력합니다. 시중에 많은 프레젠테이션 서적과 강좌가 있지만 아직도 사람들은 프레젠테이션에 목말라 있습니다. 무엇보다 업계에서 인정받는 프레젠터의 프레젠테이션을 직접 보고 그들의 스킬을 배우길 희망합니다. 그러나 불행하게도 대부분의 프레젠테이션은 비공개로 이루어지기 때문에 그들의 프레젠테이션을 직접 볼 수 있는 기회는 거의 없습니다. 그래서 이 책을 기획하게 되었습니다.

스티브 잡스는 애플의 주요 행사에서 항상 기조연설을 합니다. 하지만 일상적인 회사 대표의 기조연설과는 사뭇 다릅니다. 그의 기조연설은 연설이라기보다 신제품 발표를 위한 프레젠테이션에 가깝습니다. 게다가 이런 프레젠테이션을 CEO인 잡스가 직접 도맡아 합니다. 물론 그가 애플의 모든 획기적인 제품의 아이디어 제안자로서 제품에 대해 가장 많이 알고 있기도 하지만, 그보다 그가 비즈니스 프레젠테이션의 대가이기 때문입니다.

한 시간이 넘는 프레젠테이션을 원고 한 장 보지 않고 술술 풀어 나가는 잡스의 프레젠테이션을 보고 있노라면 감탄사가 절로 나옵니다.

뿐만 아니라 그의 프레젠테이션은 어느새 그가 소개하는 애플 제품들을 갖고 싶게 만듭니다. 바로 그의 프레젠테이션에 설득당하고 매료되는 것이지요.

잡스의 프레젠테이션 동영상과 그에 관한 설명을 보면서 프레젠터인 '나'와 나의 프레젠테이션이 좀 더 프로처럼 보이고, 프로처럼 들리고, 궁극적으로는 프로처럼 될 수 있는 방법을 배우길 바랍니다. 이 책은 바로 그런 분들을 위한 책입니다.

무거운 침묵이 흐르는 프레젠테이션 룸,
모두가 프레젠터인 나를 주목하고 있다.
그들은 내가 무엇을 잘하는가를 바라보기보다는
내가 무엇을 잘못하는가를 찾으려 애쓴다.
주체하기 어려운 중압감과 팽팽한 긴장 속에서
나는 무슨 이야기로 프레젠테이션을 시작하고,
어떻게 그들을 내가 원하는 곳까지 데려갈 것이며,
결국 무엇을 남길 것인가?

끝으로 이 책이 빛을 보기까지 저에게 프레젠테이션이 무엇인가를 가르쳐 주신 광고계의 많은 선배님과 스승님들, 수많은 경쟁 프레젠테이션에서 나의 부족함을 일깨워 준 나의 클라이언트와 클라이언트가 될 뻔했던 기업들, 저에게 새로운 차원의 프레젠테이션에 대해 눈을 뜨게 만들어 주었던 New York 'Rogen International'의 설립자이자 프레젠테이션 트레이너인 Mr. Peter Rogen, 강의 때마다 새로운 문제를 제시하고 새로운 해결책을 찾는 기회를 제공해 주었던 C&A Expert 프레젠테이션 강좌의 교육 수강생들, 책이 완성되기까지 많은 도움을 주신 멘토르 출판사의 모든 스태프들, 프레젠테이션의 전문을 한영 대역으로 실을 수 있도록 번역을 도와준 나의 제자 함지희 양, 이 책이 나오기까지 곁에서 도움을 주신 C&A Expert의 함광남 회장님과 교육본부, HRD본부의 모든 팀장과 팀원들, 세계 제일의 프레젠테이션 전문 커뮤니티를 추구하는 삼성경제연구소 SERI 사이트 내의 파사모 (파워포인트와 프레젠테이션을 사랑하는 사람들 / www.seri.org/forum/pasamo) 포럼의 안병재, 이재경, 송용호 시삽님, 국내 최초 유일의 '마이크로 소프트 파워포인트 MVP' 이신 이상훈 선생님을 비롯한 많은 임원진과 38,000여 회원들, 마지막으로 멋진 프레젠테이션으로 우리에게 많은 것을 가르쳐 준 The Greatest Presenter 스티브 잡스에게 고마움을 전합니다.

2006년 5월

머리말

이 책은 21세기를 대표하는 새로운 성공의 아이콘이자, 비즈니스 프레젠테이션의 마스터로 알려진 애플 컴퓨터의 CEO, 스티브 잡스의 프레젠테이션 스킬을 다룬 책입니다.

저는 20년 가까이 광고회사의 AEAccount Executive, 광고기획자로 1,500회 이상의 프레젠테이션을 기획하고 직접 전달했습니다. 그 경험을 바탕으로 지금은 프레젠테이션 스킬을 비롯한 협상, 세일즈, 플래닝 등의 비즈니스 커뮤니케이션 스킬을 교육하는 'C&A Expert'라는 교육 컨설팅 회사를 운영하고 있습니다.

프레젠테이션 트레이너인 제가 교육 현장에서 수강생들에게 가장 많이 듣는 얘기가 '뛰어난 프레젠터의 프레젠테이션을 직접 보고 싶어요.' 라는 것이었습니다. 하지만 대부분의 프레젠테이션이 비공개로 이루어지고 있기 때문에 자료를 구하기가 쉽지 않았습니다. 그러던 어느 날 그런 저의 고민을 한방에 해소해 줄 멋진 프레젠테이션을 발견하게 되었습니다. 바로 이 책에서 소개하려는 스티브 잡스의 프레젠테이션 "Special Event"입니다.

애플은 2005년 10월 12일, 미국 캘리포니아 주의 산호세San José에 위치한 캘리포니아 극장에서 데스크톱 PC인 아이맥iMac, 새로운 휴대용 미

2005년 10월 12일, 스티브 잡스는 아이맥과 아이팟, 그리고 아이튠즈의 새 버전을 소개하는 'Special Event'를 열었다. 편안하고 자연스런 차림으로 무대에 등장한 잡스는 "모든 고전 명작들이 그러하듯이 오늘 저의 프레젠테이션 또한 3막으로 구성했습니다. 자, 무엇부터 시작할까요? 제1막, 아이맥입니다"라는 말로 청중의 호기심을 자극했다.

디어 플레이어인 아이팟iPod, 그리고 온라인상에서 음악, 사진, 동영상 등을 즐길 수 있는 유료 사이트 아이튠즈iTunes의 새 버전을 발표하는 'Special Event'를 개최합니다. 이 행사에서 잡스는 기조연설을 하는 프레젠터로 등장하지요.

저는 잡스의 기조연설을 보면서, 이것이 바로 우리가 본받을 만한 프레젠터의 프레젠테이션이라는 생각을 했습니다. 그래서 '어떻게 하면 프레젠테이션을 공부하는 사람들에게 잡스의 프레젠테이션 스킬을 보여 줄 수 있을까' 고민하면서 이 책을 구상하게 되었습니다. 그의 프레젠테이션을 한번 보는 것만으로도 얻는 것이 많기 때문입니다.

이 책은 스티브 잡스의 'Special Event' 프레젠테이션 진행 순서에 따라 오프닝에서 클로징까지 29개의 챕터로 구성되어 있습니다. 그리고 책의 구성을 동영상과 같은 순서로 만들면서, 보시기 편하도록 매 챕터별 동영상 위치를 시간으로 표시했습니다. 여러분은 동영상의 처음부터 한 챕터씩, 혹은 원하시는 부분을 찾아서 보실 수 있습니다.

각 챕터는 3파트로 나누어져 있습니다. 먼저 도입부에는 그 챕터에서 잡스가 사용하는 프레젠테이션 스킬의 배경과 필요성에 대한 설명을 담았고, 본론부에는 잡스의 프레젠테이션 스킬과 슬라이드에 대한 상세한 분석이 담겨 있습니다. 결론부에는 이런 스킬이 프레젠테이션에서 실제 어떤 효과를 가져다주는지에 대해 설명하고 있습니다. 마지막으로 내용의 이해를 돕기 위해 프레젠테이션 전문을 영한 대역으로 번역하여 각 챕터의 끝부분에 삽입하였습니다.

저는 주변의 몇몇 사람들에게 이 동영상을 볼 것을 권유했고, 프레젠테이션 교육 중에도 이 자료를 가끔 인용합니다. 이 동영상을 본 모든 사람들이 잡스의 프레젠테이션 스킬에 감탄했습니다. 여러분도 잡스의 프레젠테이션 동영상과 이 책을 보면서 새로운 프레젠테이션 스킬을 터득하길 바랍니다. 또 이 책을 통해 프레젠테이션의 새로운 세계를 발견하길 바랍니다.

※ 이 책을 보시기 전에 구글이나 유투브 등에서 'Steve Jobs Keynote Special Event 2005' 나 '2005 Apple Special Event' 동영상을 찾아 실행시키기 바랍니다. 이 책과 동영상을 함께 보시면 내용을 이해하시는 데 도움이 될 것입니다. 저작권 문제로 동영상을 CD로 제공해 드리지 못해 대단히 죄송합니다.

http://www.youtobe.com
http://www.google.co.kr

Who is Steve Jobs?

실리콘 밸리의 풍운아, 스티브 잡스

최근 〈비즈니스 위크Business Week〉는 독자들을 대상으로 "가장 닮고 싶은 CEO는 누구인가?"에 대한 온라인 투표를 실시했습니다. 놀랍게도 응답자의 절반 이상이 애플의 CEO 스티브 잡스를 선택했습니다. 이미 잡스는 이 시대에 독보적인 성공 아이콘으로 자리 잡고 있습니다.

비즈니스의 역사 속에는 전설적인 경영자들이 여럿 있습니다. 크라이슬러의 '아이아코카Iacocca'나 GE의 '잭 웰치Jack Welch' 등이 대표적인 인물입니다. 하지만 그 어느 누구도 스티브 잡스처럼 압도적인 지지를 받았던 적은 없습니다. 무엇이 이토록 사람들을 열광하게 하는 것일까요?

Thanks For voting. Here are the survey results		
If you could, which CEO would you choose to be?		
Andrea Jung of Avon	1.7%	
Jeffrey Immelt of General Electric	9.0%	
Steve Ballmer of Microsoft	5.9%	
Steve Jobs of Apple	54.1%	
Jim McNemey of Boeing	3.0%	
Kevin Rollins of Dell	1.7%	
John Chambers of Cisco	2.6%	
Howard Stringer of Sony	2.9%	
Jorma Ollila of Nokia	2.0%	
Richard Parsons of AOL Time Warner	1.5%	
You couldn't make me take any CEO job	10.4%	
Not Sure	1.1%	
Other	4.1%	
Total votes : 3,399		

◀ 〈비즈니스 위크〉 투표결과, 가장 닮고 싶은 CEO로 스티브 잡스 선정

스티브 잡스는 입양아였습니다. 대학원 재학생이던 잡스의 생모는 자신이 아이를 양육할 수 없게 되자 입양을 받아 줄 가정을 찾았고, 잡스를 대학까지 공부시켜 준다는 조건으로 잡스를 입양 보내게 됩니다. 그는 어려서 별난 행동으로 양부모인 폴과 클라라 잡스 부부를 종종 당혹스럽게 만들기도 했습니다. 잡스는 새벽 4시부터 깨어나 부모를 괴롭히는 말썽꾸러기였으며, 또래 아이들과 잘 어울리지 못하는 소극적인 아이이기도 했습니다. 그러나 커서는 히피 기질이 좀 강하고 전기공학과 전자공학에 관심이 많았다는 것을 제외하곤 평범한 청년이었습니다.

잡스는 빌 게이츠가 하버드 기숙사에서 포커판을 벌이고 있을 때, 휴렛패커드에서 아르바이트를 했습니다. 또 빌 게이츠가 어머니의 힘을

빌려 IBM에 줄을 대고 있을 때, 잡스는 친구인 스티브 워즈니액Steve Wozniac과 함께 장거리 전화를 공짜로 걸 수 있는 '블루박스Blue Box'를 만들어 팔았습니다.

블루 박스 ➔

스물한 살이 되던 해, 잡스는 친구 워즈니액과 함께 자신의 집 차고에서 컴퓨터를 만들기 시작합니다. 자신의 재산 목록 1호였던 폭스바겐 마이크로버스와 워즈니액의 HP 계산기를 팔아서 마련한 돈 1,300달러가 그의 첫 사업 자금이었습니다. 지금은 개인용 컴퓨터가 일반적으로 사용되고 있지만, 그 당시만 해도 '컴퓨터'라는 단어는 오늘날 은행에서 볼 수 있는 거대한 메인 프레임 컴퓨터를 의미했습니다. 그런 상식을 깨는 발상의 결과가 애플이 내놓은 최초의 퍼스널 컴퓨터, 'Apple I'였습니다.

이후 IBM의 PC가 시장을 장악하게 되자, 애플은 마우스와 그래픽 타입의 메뉴로 사용성을 높인 매킨토시를 출시하여 대항합니다. 선禪불교의 독실한 신자이기도 한 잡스는 한때 유명한 명상가를 만나기 위해 돌연 직장을 그만두고 멀리 인도로 여행을 가기도 했던 독특한 인물이기도 합니다. 회사 이름인 '애플'도 선禪 애

APPLE I ➔

호가들과 오리건의 한 사과 농장에서 시간을 보내던 중 생각해낸 이름이며, 대표 브랜드인 '매킨토시Macintosh' 또한 자신이 가장 좋아하는 사과 품종에서 따온 이름입니다.

Apple I 의 성공에 힘입어, 1980년 12월에 애플의 주식 공모가 시작되었습니다. 이 공모는 1950년대 중반에 있었던 포드자동차의 주식 공개 이래 가장 높은 신청률을 기록하며, 한 시간 만에 460만 주가 팔려 나가는 대기록을 세우기도 했습니다. 변변한 학벌이나 돈, 경험도 없던 두 젊은이가 사업을 시작한 지 채 5년도 안 되어 〈포춘Fortune〉지 선정 500대 기업으로 성장한 것입니다. 잡스는 이 주식 공모를 통해 2억 1,750만 달러의 수익을 얻게 되었고, 약관 25세의 나이에 백만 장자 반열에 올라서게 됩니다.

1982년 9월 말, 캘리포니아 파하로 듄스Pajaro Dunes에서 열린 매킨토시 팀의 워크숍에서 잡스는 칠판 위에 '해적이 되자!Let's Be Pirates!'라는 문구를 적은 후, "주 90시간 작업, 즐기면서 일하자!"라고 말하며 팀원들의 분투를 촉구하던 리더였습니다.

1982년 〈타임Time〉 신년 특집호는 애플의 퍼스널컴퓨터를 '올해의 기계'로 선정했고, 스티브 잡스의 얼굴이 표지 1면을 장식했습니다. 하지만 잡스는 잡지에 실린 기사를 읽고 충격을 받았습니다. 애플 컴퓨터의 공동 개발자인 스티브 워즈니액이 "애플 컴퓨터를 개발하는데 스티브는 회로판 하나, 디자인 하나, 코드 하나도 직접 만들지 않았다."고 말했기 때문입니다. 며칠을 고민한 잡스는 그것이 사실이 아님을 증명해 보이기 위해 매킨토시 개발에 착수하기 시작합니다.

1983년 잡스의 독선적이고 모험적인 경영 방식에 불만을 품은 이사회가 그에게 경영권을 주지 않으려 하자, 잡스는 자신이 통제하기 쉬울 거라 생각되는 경영의 귀재 존 스컬리John Sculley를 사장으로 영입합니다. 이미 펩시콜라와 좋은 조건으로 계약을 맺은 스컬리를 영입하며 잡스가 남긴 말 한마디는 미국 비즈니스 세계에 신화처럼 전해오는 일화이기도 합니다.

"정말 중요한 일을 할 수 있는 기회가 있는데도 설탕물이나 팔며 남은 인생을 허비할 생각인가?"

1984년 1월 24일 저녁, 미식축구 결승전인 슈퍼볼Super Bowl의 중계방송 도중 사람들의 시선을 사로잡는 광고 하나가 등장합니다. 화면 속에서 말끔한 차림의 신사가 연설하는 모습이 비춰지고, 회색 옷을 걸친 무기력해 보이는 사람들이 화면 속 신사의 연설을 듣고 있습니다. 그런데 갑자기 밝은 색상의 옷을 입은 젊은 여성이 나타나 스크린을 부숴 버리는 내용의 광고였습니다. 즉 신사는 IBM을, 노동자들은 사용자들을, 젊은 여성은 애플을 암시하는 광고로 'IBM이 만들어 놓은 낡고 획일적인 사고의 틀을 애플이 깨버리겠다'는 내용을 담은 다소 자극적인 것이었습니다.

"1월 24일 애플 컴퓨터는 매킨토시를 출시합니다.
당신은 왜 우리의 '1984년' 이 조지 오웰이 말했던
'1984년' 과 다른지 알게 될 것입니다."

애플 컴퓨터의 탄생을 알리는 블록버스터급의 이 독창적인 광고는 단
숨에 시청자들의 눈길을 사로잡았고, 작고 세련된 디자인의 매킨토시
는 세계 최초로 마우스와 아이콘을 통해 프로그램을 실행하는 그래픽
사용자 인터페이스(GUI : Graphic User Interface)를 도입함으로써 컴퓨
터 역사에 일대 혁명을 가져왔습니다.

하지만 내세울 만한 소프트웨어가 거의 없었던 매킨토시는 수천 개의
응용 프로그램으로 무장한 IBM 컴퓨터에 고전을 면치 못했고, 애플은
급격한 매출 하락과 더불어 실패를 향해 곤두박질쳤습니다. 잡스의 별
난 행동으로 회사의 리더십은 급속히 흔들렸고, 마침내 1985년 4월
11일에 애플의 주주와 이사진은 잡스로부터 경영권을 빼앗게 됩니다.
잡스는 10년 만에 자신이 만든 회사인 애플에서 해고당한 것입니다.

애플을 떠난 후에도 잡스는 컴퓨터에 대한 열정만은 접지 않았습니

다. 그래서 넥스트NeXT라는 컴퓨터 회사를 설립하고 재기를 노렸으나 별다른 성과 없이 고전을 면치 못했습니다. 잡스는 언론으로부터 또 다시 '추락한 영웅'이라는 조롱을 받았습니다. 하지만 잡스에게는 주변의 인재를 찾아내고, 그들을 자극해서 한계에 도전하게 만드는 재주가 있었습니다. 주변 사람을 자신의 열정 속으로 빠져들게 만드는 카리스마도 지니고 있었습니다. 잡스는 이 모든 것을 적절히 결합하여 컴퓨터를 이용한 애니메이션 제작에 손을 대기 시작합니다. 컴퓨터에서 정말 중요한 것은 하드웨어나 소프트웨어가 아니라 사용자들의 경험, 즉 콘텐츠라는 것을 깨달았기 때문입니다.

잡스는 스타워즈의 감독인 조지 루커스George Lucas가 운영하던 컴퓨터 그래픽 팀을 1,000만 달러에 사들이고, 새로운 회사의 이름을 '픽사Pixar'로 명명했습니다. 그리고 픽사의 첫 작품으로 '럭소 주니어Luxo Jr.'를 선보입니다. 럭소 주니어는 그동안의 잡스의 노력과 인내에 보답하듯 "이것이야말로 컴퓨터 애니메이션의 모든 것이다."라는 사람들의 찬사를 받게 됩니다.

픽사의 다음 작품인 틴 토이Tin Toy가 아카데미상을 수상하자 픽사의 상황은 급속도로 바뀌기 시작합니다. 틴 토이에 반한 디즈니는 픽사의 장편 3D 애니메이션에 제작비를 지원하고 홍보와 배급까지 맡겠다는 제안을 해 왔고, 픽사는 최초의 3D 장편 애니메이션 '토이 스토리Toy Story'를 완성하게 됩니다.

토이 스토리의 히트와 픽사의 상장으로 잡스는 더 이상 돈 걱정을 하지 않아도 될 만큼 큰 부를 축적합니다. 잡스는 한 여자의 남편이자 아이들의 아버지로 가정생활뿐 아니라 사회적으로도 안정을 찾게 됩니다. 이후에도 픽사는 '벅스 라이프Bug's Life', '몬스터 주식회사Monster Inc.', '니모를 찾아서Finding Nemo' 등의 히트작을 양산하며 헐리우드 최대의 수익성을 자랑하는 영화제작사로 발전합니다.

◀ 픽사의 역대 히트작

잡스가 이렇게 재기에 성공하는 동안 애플은 빌 게이츠의 마이크로소프트 윈도우를 탑재한 최신형 IBM PC에 고전을 면치 못했고, 지속적인 추락을 거듭하고 있었습니다. 더 이상 애플의 재생 가망이 없어 보였습니다. 그런 애플의 상황을 지켜보던 스티브 잡스는 다시 애플로 복귀해서 무너져 가는 회사를 구해 냄으로써 자신의 존재를 세상에 알리겠다고 마음먹습니다. 결국 애플의 CEO인 길 어밀리오Gil Amelio는 스티브 잡스를 애플의 '비상임 고문'에 임명했고, 얼마 후인 1997년 9월 6일에는 드디어 애플의 '임시 CEO'로 임명합니다. 스티브 잡스가 애플에서 쫓겨난 지 13년 만의 일입니다.

잡스는 자신의 명함에 직책을 'iCEO'라 새기고, 애플의 재건에 박차를 가합니다. 이 당시 잡스의 연봉은 단돈 1달러에 불과했으며, 수년 간 이 연봉을 유지하여 기네스북에 '가장 적은 연봉을 받는 CEO'로 등록되기도 했습니다.

애플에 복귀한 스티브 잡스는 애플을 살릴 가장 빠른 지름길은 매킨토시에 인터넷 기능을 강화하는 것임을 파악하고, 산뜻한 색상의 1,300달러짜리 컴퓨터 아이맥iMac을 출시합니다. iMac의 제품 박스 안에는 인터넷 사용에 필요한 모든 장치 - 기판, 모뎀, 플러그 - 가 들어 있었으며, 애플은 모니터와

↑ 플로피 디스크 드라이브를 최초로 없앤 iMac

본체를 하나로 만든 소비자 지향적인 컴퓨터를 만들어 냅니다. iMac 에도 잡스의 고집은 적용되었습니다. 그 당시 가장 널리 사용되던 플로피 디스크 드라이브를 없애고 CD롬 드라이브를 장착한 것입니다. 이 문제로 잡스는 극심한 비난을 들어야 했지만 이번에도 역시 그가 옳았습니다. 얼마 지나지 않아 플로피 디스크가 세상에서 사라져 버렸기 때문입니다.

애플은 컴퓨터 사업을 확장해서 디지털 음악과 사진 부문에도 진출하려는 '디지털 허브' 계획을 세웠습니다. 매킨토시 사용자들이 음악 CD를 컴퓨터로 복사하고, 언제든 컴퓨터에서 원하는 음악을 재생하고, 또 인터넷에서 MP3 파일을 다운로드할 수 있는 iTunes를 발표했

습니다. 오직 매킨토시 유저들에게만 허용된 특권이었습니다. iTunes 뮤직스토어는 소니, 워너뮤직 등의 대형 음반사와 계약을 체결하고 최초의 유료 음원 판매 사이트로 출발했습니다. iTunes는 순식간에 음악 다운로드 시장의 70%를 차지했고, 〈포춘〉이 선정한 '2003년 히트 상품'에 뽑히기도 했습니다.

↑ 전 세계 뮤직 플레이어 시장의 70%를 장악한 iTunes

미국 음악 산업의 구조를 바꿔 놓은 유료 뮤직스토어 iTunes에 이어 잡스는 휴대용 뮤직 플레이어의 개발에 착수했고, 마침내 iPod을 탄생시킵니다. iPod은 디자인을 가장 중요하게 생각하는 자칭 '예술가'인 잡스의 정신과 애플의 목표가 잘 결합된 작품으로 애플 역사상 가장 성공한 제품이 됩니다. 이미 전 세계 뮤직 플레이어 시장의 80% 이상을 점유하고 있는 iPod의 질주는 당분간 계속될 것으로 보입니다. 특히 2005년 9월에 선보인 '아이팟 나노iPod Nono'와 비디오까지 재생할 수 있는 '와이드 아이팟Wide iPod'은 많은 MP3 플레이어 업체들의 생존까지 위협하는 파괴력을 보여 주었습니다. 기능, 디자인, 가격 면에서 경쟁사를 압도하는 애플 iPod의 독주가 상당 기간 계속될 것이란 애널리스트들의 전망이 이어지고 있습니다.

하지만 승승장구하던 잡스에게 췌장암이라
는 또 다른 시련이 찾아옵니다. 그러나 천
만다행으로 죽음의 문턱까지 갔던 잡스는
수술을 통해 암을 이겨 냅니다. 2004년 8
월 1일, 잡스는 친지와 지인, 직원들에게
한 통의 이메일을 보냅니다.

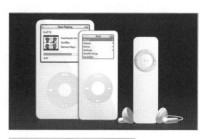

↟ iPod은 MP3 플레이어 업체들의
생존까지 위협하는 파괴력을 보인다

"여러분께 알려 드릴 개인적인 소식이 있습니다. 지난 주말, 저는 췌장에서 종양을
떼어 내는 암 수술을 성공리에 마쳤습니다. 의사의 말에 의하면 이런 종류의 종양은
조기에 발견하기만 하면 외과 수술로 쉽게 제거할 수 있다고 하더군요. 8월 한 달
동안 회복기간을 갖고 9월에는 업무에 복귀할 것입니다. 9월에 여러분을 다시 만날
것을 고대합니다."

스티브 잡스는 쉰을 갓 넘긴 나이에 컴퓨터, 엔터테인먼트, 온라인 콘
텐츠 등 현대의 촉망 받는 세 가지 산업에서 성공의 아이콘이 되었습
니다. 중년이 된 잡스는 예전보다 더 따뜻해졌고, 더 부유해졌습니다.
또 독선과 아집에서 벗어나 상대를 배려하고 이해할 줄 아는 사람이
되었습니다. 하지만 일에 관한한 아직도 첫 사업을 시작했던 젊은 날
의 열정과 에너지는 그대로입니다. 공격적이고 독단적인 것도 여전하
며, 불가능해 보이는 과제를 달성하기 위해 주변 사람들을 밀어붙이
는 스타일도 그대로 남아 있습니다. 여전히 그는 예전 그대로의 스티
브 잡스입니다.

잡스는 이렇게 헐리우드와 실리콘 밸리를 동시에 정복한 최초의 인물이 되었습니다. 〈비즈니스 위크〉의 평가대로 그의 삶은 '고정관념과의 투쟁'의 역사입니다. 그리고 그를 힘든 투쟁으로 몰아넣은 것은 바로 '창조성'에 대한 집착이었습니다. 애플을 설립할 때부터 그는 기술보다는 디자인과 창의성을 강조했습니다. 특히 디자인에 대해서는 광적인 집념을 보였습니다. 하지만 그 집념이 바로 사람들의 삶을 바꾸는 '애플 파워'의 원천이 되었습니다.

애플에 복귀한 지 3년 만인 2000년 1월 5일, 샌프란시스코에서 열린 'MacWorld 2000'의 기조연설을 위해 무대에 오른 잡스는 "이제 나의 직함 앞에 붙어 있던 임시라는 꼬리표를 떼어 버리겠다."라고 선언합니다. 청중은 모두 기립하여 환호성과 함께 장내가 떠나갈 듯 "스티브, 스티브"를 연호했습니다. 그리고 잡스가 애플의 정식 CEO로 돌아와 사람들 앞에 다시 섰을 때, 장내에서는 존 레논_{John Lennon}의 'Imagine'이 흘러나왔습니다.

You may say I'm a dreamer,
but I'm not the only one….

나를 보고 몽상가라 비웃을지 모르지만,
나만 그런 것이 아니랍니다….

잡스는 이미 꿈을 현실로 만들었던 역사 속의 많은 위인들 중 한 명이 되었습니다. 잡스의 모든 비즈니스는 기존의 전통적인 방식을 깨는 데에서 출발합니다. 그 비즈니스를 알리기 위한 기조연설이나 프레젠테이션도 당연히 그런 방식으로 이루어집니다. 하지만 그의 새로운 프레젠테이션은 늘 기존의 것보다 나은 것을 만들어 냅니다. 이것이 많은 사람들이 스티브 잡스의 프레젠테이션에 매료되는 이유이자, 우리가 그의 스킬을 배우려고 하는 이유입니다.

오프닝을 장악하라
Creative Opening

사람과 사람 사이의 만남에서 가장 중요한 것은 첫인상입니다. 프레젠테이션 역시 사람과 사람 사이의 커뮤니케이션입니다. 따라서 첫인상이 매우 중요합니다. 어떤 이야기로 첫 마디를 시작하고, 어떤 슬라이드나 자료를 먼저 보여 주느냐에 따라 나머지 프레젠테이션의 효과가 달라집니다. 이것을 프레젠테이션의 '오프닝 Opening' 이라고 합니다.

프레젠테이션의 오프닝은 프레젠터의 '첫인상' 이라고 할 수 있습니다. 청중들의 관심과 기대감을 불러일으키는 중요한 역할을 담당합니다. 또한 초반부의 어색하고 경직된 분위기를 해소하고 청중의 마음을 열게 하는 데에도 도움을 줍니다. 하지만 첫인상의 성패는 프레젠테이션이 시작되고 불과 30~40초 이내에 모두 결정됩니다. 이 첫 단계의 이미지가 프레젠테이션의 마지막까지 영향을 미칩니다. 그만큼 프레젠테이션을 하는 데 있어 첫인상은 매우 중요합니다. 그런데 이렇게 중요한 프레젠테이션의 오프닝을 대부분의 프레젠터들은 이런 식으로 시작합니다.

"안녕하십니까? ○○사의 ○○○입니다. 오늘 이런 프레젠테이션 기회를 주신 것에 대해 감사하게 생각합니다. 지금부터 ○○에 대한 프레젠테이션을 시작하도록 하겠습니다. 오늘 말씀드릴 순서는 …… 입니다."

이처럼 평범하고 재미없는 오프닝 멘트와 달리 스티브 잡스는 오프닝 섹션에 이런 테크닉을 사용합니다.

스티브 잡스의 프레젠테이션은?

이 프레젠테이션은 애플의 세 가지 신제품에 대해 소개하는 내용입니다. 세 가지의 서로 다른 아이템으로 구성되어 있습니다. 잡스는 이 점에 착안하여 오프닝을 시작합니다.

← 무대로 걸어 나오는
스티브 잡스

처음 무대로 등장하여 첫 마디를 던지기까지 잡스의 행동과 표정, 시선 처리를 주의 깊게 보십시오. 가장 먼저 눈에 띄는 것은 잡스의 미소입니다. 그의 얼굴 표정을 보면 오늘 이 프레젠테이션을 하게 된 것에 대해 무척 즐거워하고 있는 것을 알 수 있습니다. 긴장감이라고는 조금도 찾아볼 수 없습니다.

◀ 미소로 청중을 환영한다는
메시지를 전달한다

그는 무대의 가장자리에서 무대 가운데로 이동합니다. 그리고는 프레젠테이션의 첫 이야기를 시작하기 전에 객석의 여기저기를 바라봅니다. 물론 이 순간에도 그의 얼굴에는 미소가 가득합니다. 나의 프레젠테이션에 참석해 준 청중을 환영한다는 메시지가 전해집니다. 그런 후에야 비로소 첫 마디를 시작합니다.

"
오늘 아침, 여러분께 보여 드릴 놀라운 것들을 준비했습니다.
모든 고전 명작들이 그러하듯 오늘 저의 프레젠테이션 또한
3막으로 구성했습니다.
자, 무엇부터 시작해야 할까요?
제1막, iMac입니다.
"

◀ 프레젠테이션의 시작을
알리는 오프닝 기법

이 프레젠테이션은 한 시간 넘게 지속되는 짧지 않은 프레젠테이션입니다. 잡스는 시작 단계에서 프레젠테이션에 대한 청중의 관심과 기대감을 불러일으키고, 분위기를 밝고 호의적으로 만들기 위해 프레젠테이션 초반 1분 이내에 이런 오프닝 기법을 사용합니다.

카르멘, 라 트라비아타, 리골레토, 탄호이저와 같은 고전 명작 오페라는 모두 3막으로 구성되어 있습니다. 세 개의 아이템으로 구성된 나의 프레젠테이션이 이들 명작처럼 들을 만한 가치가 있는 좋은 프레젠테이션임을 이야기하는데 이보다 더 좋은 비유가 있을까요?

_ 고전 명작은 모두 3막으로 구성되어 있다.
_ 나의 프레젠테이션도 3막으로 구성되어 있다.
_ 그래서 나의 프레젠테이션은 명작이다.

이런 3단 논법이 적용되는 것이지요. 명작이 무엇입니까? 재미있고, 감동적이고, 보고 들을 만한 가치가 있는 작품을 가리켜 우리는 명작이라고 부릅니다. 이처럼 잡스는 자신의 프레젠테이션이 그만큼 수준 높고 유용한 것이라는 자신감을 명쾌한 유머로 풀어내고 있습니다.

좋은 첫인상 vs 나쁜 첫인상

오프닝의 중요성과 함께 첫 인상에 대해 이야기했습니다. 그렇다면 어떻게 해야 청중에게 좋은 첫인상을 남길 수 있을까요? 우선, 프레젠테이션에서 청중에게 좋은 첫인상을 남기기 위해 주의해야 할 몇 가지 방법에 대해 말씀드리겠습니다.

— 자신이 소개될 때 단정한 자세로 자리에 앉아 기다린다.

— 호명이 되면 자리에서 일어난다. 이때 책상이나 의자를 짚고 일어서지 않도록 유의한다.

— 상을 받으러 나갈 때처럼 활기차게 연단으로 나선다.

— 나가면서 얼굴에 가벼운 미소를 짓는다.

— 첫 마디를 하기 전에 청중 중 몇몇 사람과 시선을 교환한다.

— 미리 준비된 아이디어로 오프닝을 시작한다.

— 적어도 오프닝 멘트를 하는 동안에는 슬라이드나 메모를 보지 않는다.

이번에는 좋은 첫인상과 달리 첫 단계에서 좋지 않은 첫인상을 만들어 내는 나쁜 습관에 대해 살펴보도록 하겠습니다.

— 연단에 나서서 바지를 추킨다.

- 말을 시작하기 전에 헛기침을 한다.

- 넥타이를 고쳐 맨다.

- 어깨나 목을 움찔거린다.

- 바닥이나 천장을 쳐다본다.

- 큰 숨을 몰아쉰다.

- 머리를 쓸어 올린다.

프레젠터의 이런 행동들은 자신감 없고 소극적인 사람으로 비춰져 프레젠테이션에 대한 청중들의 기대감마저 상실하게 만듭니다. 단지 이런 무의식적인 행동 하나 때문에 나의 첫인상이 나빠질 수 있습니다. 이런 행동은 연단에 오르기 전에 모두 마치십시오. 연단에서는 군더더기 없는 깔끔한 모습만을 보여 주어야 합니다. 그것이 바로 프로의 모습입니다.

실제로 프레젠테이션의 오프닝으로 활용할 수 있는 기법은 아래와 같이 매우 다양합니다.

🌿 에피소드

오프닝 멘트를 프레젠테이션 주제와 관련된 에피소드를 말하는 기법으로 가급적 프레젠터의 개인적인 경험을 말하는 것이 효과적입니다.

🌿 비유

청중이 쉽게 이해할 수 있는 것이면서 오늘의 주제를 잘 드러낼 수 있는 적절한 비유Analogy를 활용합니다.

🍃 사례

프레젠테이션에 참석한 청중의 상황과 비슷한 사람이나 회사의 사례
를 소개합니다.

🍃 인용구

유명 인사나 혹은 청중이 평소 존경하거나 잘 알고 있는 인물들의 유명
한 인용구 중 오늘의 주제와 관련 있는 인용구를 적절히 활용합니다.

🍃 질문

청중의 주의를 환기시키고, 그들을 프레젠테이션에 끌어들일 수 있도
록 가벼운 질문을 던지는 것으로 시작합니다.

🍃 상상 유도

프레젠터가 어떤 상황에 대해 이야기를 해 주고 청중으로 하여금 그
것을 상상해 보도록 유도합니다.

🍃 드라마 연출

청중의 초반 호기심을 불러일으키기 위해 미리 짜여진 각본으로 드라
마틱한 상황을 연출해 봅니다.

🍃 시사 이슈 제기

최근 시사 부문에서 관심을 끌고 있는 이슈 가운데 프레젠테이션 주제와 관련 있는 사건이나 기사를 언급합니다.

🍃 강력한 비주얼 제시

첫 슬라이드에서 청중의 관심을 불러일으킬 수 있는 충격적이거나 흥미를 끌 만한 이미지를 제시합니다.

🍃 가벼운 유머

프레젠테이션 초반의 경직되고 어색한 분위기를 해소하기 위해 가벼운 유머를 던지는 것으로 시작합니다.

스포츠 경기를 포함해 상대방과 겨루는 모든 시합에서 초반 기선제압은 매우 중요합니다. 프레젠테이션도 프레젠터인 나와 객석에 앉아 있는 청중 사이의 힘겨루기 시합입니다. 이런 기법들을 프레젠테이션의 청중, 주제, 상황에 따라 적절하게 사용하십시오. 초반에 그들의 기대와 관심을 불러일으키고, 기선을 제압하십시오. 이제 나의 프레젠테이션은 초반부터 청중을 리드하며 진행됩니다. 시작부터 높은 점수를 받고 시작하게 되는 겁니다.

Original Speech

안녕하십니까?

오늘 아침, 여러분께 보여 드릴
놀라운 것들을 준비했습니다.

모든 고전 명작들이 그러하듯이 오늘 저의
프레젠테이션을 3막으로 구성했습니다.

(객석 웃음)

자, 무엇부터 시작해 볼까요?

제1막, iMac입니다.

Wow! Good Morning.

Good Morning, We got some
amazing stuff to show you this
morning.

And, like every great classic story,
I've divided it into three acts.

(laughing)

So, what do you say let's get
started?

Act one. The iMac.

큰 그림을 먼저 이야기한다

Draw a Big Picture

프레젠테이션 내용을 설명할 때, 세부적인 것을 알려 주기에 앞서 큰 그림을 먼저 보여 주는 것은 프레젠테이션에서 대단히 중요한 스킬 중 하나입니다. 이렇게 하지 않으면 청중은 나의 프레젠테이션을 잘 이해할 수 없을 뿐더러 기억조차 하기 어려워집니다.

그렇다면 왜 이런 방식이 필요할까요? 프레젠테이션에 참석한 청중 대부분은 오늘 내가 설명하려는 내용에 대해 잘 알지 못합니다. 이미 다 알고 있는 이야기를 듣기 위해 프레젠테이션에 참석하는 사람은 없으니까요. 때문에 나의 프레젠테이션 내용은 청중에게는 생소한 것일 수밖에 없습니다.

이런 생소한 내용의 세세한 부분까지 모두 이해하고 기억할 수 있는 청중은 별로 없습니다. 처음부터 큰 개념이나 개요가 아니라 세부사항을 시시콜콜 설명하다 보면, 당연히 전체의 의미를 파악하고 이해하기 어려울 것입니다. 특히 수치자료가 그렇습니다.

거의 모든 비즈니스 프레젠테이션에는 수치가 등장합니다.
매출액, 투자금액, 제품성능, 제품사양, 예산, 인원, 효율성, 기록 등
그 종류도 매우 다양합니다. 그렇다면 우리는 이런 수치자료의 프레
젠테이션을 얼마나 효율적으로 하고 있을까요? 프레젠터에게도, 청중
에게도 숫자는 늘 골치 아픈 존재입니다. 그래서 수치자료의 프레젠
테이션에는 특별한 스킬이 필요합니다.

프레젠테이션에 등장하는 모든 숫자는 의미를 지니고 있습니다. 우리
의 목표는 그 숫자를 기억시키는 것이 아니라, 그것이 지닌 의미나 시
사점을 청중에게 정확하게 알려 주는 것입니다. 하지만 우리는 때때
로 숫자의 노예가 되어 버립니다. 숫자가 주는 의미보다 그 숫자 자체
에 얽매이게 됩니다.

예를 들어 보겠습니다.
한 프레젠터가 자사의 매출 실적과 계획에 대해 이야기한다고 가정
합시다. 물론 하고 싶은 이야기는 우리 회사가 그동안 어떻게 성장해
왔고, 앞으로 이런 매출 계획을 갖고 있는 비전 있는 회사라는 것입
니다. 그런데 이것을 이야기하기 위해서는 필연적으로 숫자가 등장
합니다.

지난 몇 해 동안의 매출 현황과 앞으로의 매출 목표를 보여 주기 위해
프레젠터는 영업자료를 준비합니다. 대부분의 영업자료는 월별, 분기
별, 반기별, 지역별, 부서별, 모델별 등으로 세분화되어 있습니다.

매출 실적 및 계획

[단위 : 억원]

구분	항목	2004	2005	2006	2007	2008
B2B 사업	매출	104	128	160	850	1,300
	매출원가	83	102	128	680	1,040
	매출이익	21	26	32	170	260
	판관비	4	5	6	34	52
	당기순이익	17	20	26	136	208
해외사업	매출	111	45	170	300	500
	매출원가	99	41	153	270	450
	매출이익	11	5	17	30	50
	판관비	2	1	3	6	10
	당기순이익	9	4	14	24	40
Enter tainment	매출	98	45	450	300	450
	매출원가	46	23	70	150	200
	매출이익	52	23	80	150	250
	판관비	5	2	8	15	25
	당기순이익	47	20	72	135	225
브랜드 직영사업	매출	98	75	150	500	800
	매출원가	9	45	90	300	480
	매출이익	39	30	60	200	320
	판관비	8	6	12	40	64
	당기순이익	31	24	48	160	256
합계	매출	410	293	630	1,950	3,050
	당기순이익	104	68	160	455	729

우리는 프레젠테이션 할 때 이런 영업자료 전체를 보여 주려고 합니다. 가장 쉬운 방법은 매출액 현황 전체를 표로 보여 주는 것입니다. 그 안에는 위에서 이야기한 세분화된 자료가 들어 있습니다. 우리는 이 한 장의 표로 모든 것을 말할 수 있다고 생각합니다.

하지만 그 자료를 보는 청중은 어떨까요? 프레젠테이션에 참석하는 모든 청중은 숫자에 약합니다. 아니, 숫자를 부담스러워합니다. 우선 슬라이드에 나타난 표를 보고 그 안에 적혀 있는 숫자를 하나씩 읽어 본 후, 마지막으로 그 숫자들의 의미와 상관관계를 파악합니다. 이런

3단계를 거쳐 내가 제시한 숫자의 의미를 파악하게 됩니다. 그런 후에야 비로소 프레젠터가 이 슬라이드를 통해 자신에게 하려고 했던 이야기의 핵심이 무엇인지를 알게 됩니다.

모든 수치자료가 이런 식으로 등장한다면 청중은 매번 3단계의 과정을 반복해야 하므로 쉽게 피로해지고 지칠 것입니다. 그러면 자연스럽게 프레젠테이션에 흥미를 잃게 됩니다.

그렇다면 과연 스티브 잡스는 어떤 방법을 이용할까요?

스티브 잡스의 프레젠테이션은?

잡스의 프레젠테이션을 살펴보겠습니다.

먼저 iMac의 개발 역사에 대해 이야기합니다. 1년 전에 출시한 제3세대의 iMac 매출 현황에 대해 이야기합니다. iMac은 발매 첫 해에 100만 대 이상을 판매하는 놀라운 실적을 기록한 히트 상품입니다. 물론 애플은 출시된 달로부터 월별, 분기별, 모델별, 지역별 판매실적을 모두 갖고 있겠지요. 하지만 잡스는 이런 구체적인 자료는 하나도 보여주지 않습니다. 단지 프레젠테이션 할 때 잡스의 슬라이드에는 '1 Million'이라는 텍스트 하나만 화면 가득 보여질 뿐입니다.

◀ 말하고자 하는 핵심만을
보여 주는 슬라이드

66

지금으로부터 약 1년 전,

우리는 제3세대 iMac을 출시했습니다.

발매 첫 해에 100만 대 이상의 iMac을 판매했다는

기쁜 소식을 여러분께 알려드립니다.

우리는 무척 고무되어 있습니다.

99

오늘 이 프레젠테이션은 기존 iMac 판매실적을 보고하는 영업회의가
아니라 iMac보다 더 좋은 새로운 버전의 제품을 소개하는 자리입니
다. 그러니 iMac 판매실적에 대한 세부 데이터를 보여 줄 필요가 없겠
지요. 물론 발매 첫 해에 100만 대 이상이 팔렸다는 것은 대단히 중요
한 성과입니다. iMac의 제품력을 보여 주는 자료니까요. 하지만 오늘
은 이보다 더 좋은 제품을 선보이려고 합니다. 그렇기 때문에 청중의
기대는 더욱 높아질 것입니다.

그러나 이 부분에서 우리가 흔히 하는 것처럼 복잡한 매출 실적표를 슬라이드에 띄워 놓고 그 세부사항에 대해 낱낱이 설명해 주었다면, 이 프레젠테이션 역시 어렵고 지루해졌을 것입니다. 내가 청중에게 남기려고 했던 인상impression과 뉘앙스nuance는 약화되고, 복잡하고 어려운 숫자만이 남게 되었겠지요.

이어서 새로운 iMac에 대한 설명이 이어집니다.

당연히 이 부분에서는 제품 사양과 기능에 대해 상세하게 소개할 것입니다. 이때 잡스는 어떤 스킬을 이용하는지 살펴보겠습니다. 우선 잡스는 New iMac의 큰 그림을 먼저 설명합니다.

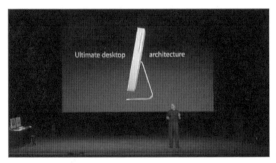

◀ iMac의 큰 그림부터
   그려나간다

66

또한 iMac은 환상적인 컴퓨터입니다.
최고의 데스크톱 구조를 갖고 있는 컴퓨터입니다.
우리가 커다랗고 납작한 디스플레이 모니터를 갖고 있을 때
컴퓨터의 나머지 장치들을 놓을 장소로 그 디스플레이 뒤만큼
좋은 곳은 없기 때문입니다.

우리는 옵티컬 드라이브, 하드드라이브, 파워서플라이 등
모든 장치를 멋지고 콤팩트한 패키지로 만들어
디스플레이 모니터의 뒤에 넣었습니다.

❞

잡스는 iMac을 '최고의 데스크톱 구조를 지닌 컴퓨터Ultimate desktop architecture'라고 한 마디로 명쾌하게 정의합니다. 이어서 여러 가지 사례를 들어가며 iMac이 왜 최고의 컴퓨터인가를 설명합니다. 즉 큰 그림으로 시작해서 세부사항을 풀어 나가는 프레젠테이션 방법을 이용합니다.

iMac은 위 사진에서 보는 것처럼 심플한 구조를 지니고 있습니다. 우리가 흔히 보는 데스크톱 컴퓨터와는 외관부터가 확연히 다릅니다. 우선 본체와 모니터가 따로 있는 일반 PC와는 달리 iMac은 본체가 따로 없습니다. 그렇다면 옵티컬 드라이브, 하드드라이브, 파워서플라이 같은 장치들은 어디에 있을까요?

이런 모든 장치가 콤팩트한 패키지로 만들어져 커다란 모니터의 뒤편에 모두 들어 있습니다. 다시 말해, iMac은 본체가 따로 없는 컴퓨터입니다. 그래서 전원, 마우스, 키보드, 스피커, 모니터 등의 주변기기를 본체와 연결하기 위해 지저분하게 널려 있는 케이블이 하나도 없습니다. 당연히 자리도 많이 차지하지 않습니다. 모니터를 놓을 자리만 있으면 그것으로 충분합니다. 이것이 컴퓨터의 세부적인 사양을

들여다보기 전에 외관만 보고도 누구나 쉽게 느낄 수 있는 iMac만의 장점입니다. 다시 말해, iMac의 큰 그림인 것입니다.

잡스는 이런 식으로 iMac에 대한 세부설명을 하기 전에 iMac이 추구하는 제품 콘셉트가 무엇인지 큰 그림을 먼저 보여 줍니다. 이제 청중은 iMac의 콘셉트를 이해하고 그것을 바탕으로 나머지 세부사항에 대한 설명을 듣게 됩니다. 그러면 제품에 대해 더 잘 이해하게 되고, 더 큰 호감을 갖게 됩니다.

'장님 문고리 잡기' 식으로는 곤란하다

우리 속담에 '장님 문고리 잡듯 한다' 는 말이 있습니다. 전체를 보지 못한 상태에서 한 부분만을 보고 그것이 전부인 양 판단하는 것을 말합니다. 프레젠테이션에서도 마찬가지입니다. 전체 그림이 무엇인지도 알려 주지 않은 상태에서 세부내역만을 설명하다 보면 청중이 전체를 파악하는 데 어려움을 느낄 수 있습니다. 당연히 프레젠테이션의 효과도 떨어지겠죠.

"Simple is the Best!"

프레젠테이션을 준비하는 단계에서부터 이 부분의 큰 그림이 무엇일까를 생각하고, 그것을 어떻게 쉽고 간결하게 전달할 것인가를 연구하십시오. 청중에게 남겨 줘야 할 인상에 대해 생각하십시오. 때로는 세부사항보다 그것들이 의미하는 뉘앙스가 더 중요할 수도 있습니다. 특히 수치자료를 프레젠테이션 할 때에는 이 원칙을 반드시 기억하십시오. 그 숫자나 데이터를 통해 내가 하고 싶은 이야기가 무엇인가를 먼저 생각하십시오. 숫자 자체는 말 그대로 데이터에 불과합니다. 중요한 것은 그 데이터가 지니고 있는 '스토리'를 말하는 것입니다. 이것이 바로 프레젠테이션의 큰 그림입니다.

Original Speech

iMac은 대단한 컴퓨터입니다.

The iMac is an awesome computer.

지금으로부터 약 1년 전, 우리는 제3세대 iMac을 출시했습니다.

We introduced the third generation iMac about a year ago.

발매 첫 해에 100만 대 이상의 iMac을 판매했다는 기쁜 소식을 여러분께 알려 드립니다. 우리는 무척 고무되어 있습니다.

And I'm pleased to report today that we sold over a million of it in its first year, and we are thrilled with this.

또한 iMac은 환상적인 컴퓨터입니다.

And, it's a fantastic computer.

iMac은 최고의 데스크톱 구조를 갖고 있는 컴퓨터입니다.

I think it's the ultimate desktop architecture.

왜냐하면 우리가 커다랗고 납작한 디스플레이 모니터를 갖고 있을 때 컴퓨터의 나머지 장치들을 놓을 장소로 그 디스플레이 뒤만큼 좋은 곳은 없기 때문입니다.

Because, when you have this large flat display what better place to put the computer than right behind display?

우리는 옵티컬 드라이브, 하드드라이브, 파워서플라이 등 모든 장치를 멋지고 콤팩트한 패키지로 만들어 디스플레이 모니터의 뒤에 넣었습니다.

We put the optical drive, the hard drive, power supply to make a beautiful compact package with the whole computer in it.

그리고 이 모든 것이 아름답고 세련된 받침대 위에 떠 있습니다.

And then float it on a beautiful, elegant stand.

옛것을 비난하지 마라

Don't blame the old one

요 즘 한참 인기를 얻고 있는 '세대공감 Old & New' 라는 TV 프로그램이 있습니다. 이는 기성세대와 신세대 간의 언어 차이를 극복하고 커뮤니케이션을 원활하게 하기 위한 프로그램으로 저도 즐겨 보는 프로그램 중 하나입니다. 프레젠테이션에도 이처럼 'Old & New' 가 있습니다.

새로운 회사, 새로운 제품, 새로운 설비, 새로운 시스템, 새로운 방법 등을 소개하는 프레젠테이션에서는 반드시 우리가 아닌 상대방 회사의 것, 기존의 것 즉, Old와 New를 비교하기 마련입니다. 그런데 여기서 문제는 예전의 것과 우리가 제시하는 새로운 것을 비교할 때 많은 프레젠터들이 의도하지 않은 실수를 한다는 점입니다.

예를 들면 다음과 같은 말들이지요.

"경쟁사의 제품을 사용하고 있는 거래처에 가서 우리 제품으로 바꾸라고 말하고 싶습니다. 낡은 버전의 시스템을 우리가 소개하는 신 버전으로 바꾸라고 말하고 싶습니다. 그동안 상대방이 사용했던 방식이 아닌 새 방식을 도입하라고 말하고 싶습니다."

새로운 것을 부각시키려면 당연히 기존 것과의 차이점을 보여 줘야 합니다. 기존의 것과 차이가 많을수록 새것이 돋보이는 것이 사실이니까요. 하지만 이러다 보니 필연적으로 '옛것은 모두 나쁘고 새것은 모두 좋다' 라는 식으로 이야기하게 됩니다. 특히 옛것이 우리 것이 아니라 경쟁사의 것일 경우에는 그것에 대해 가차 없이 신랄한 비판을 가하게 됩니다. 프레젠터들의 이야기를 들어 보면 예전 것은 아무 쓸모없는 무용지물처럼 보입니다. 대부분의 프레젠터가 이런 일들을 서슴없이 행합니다.

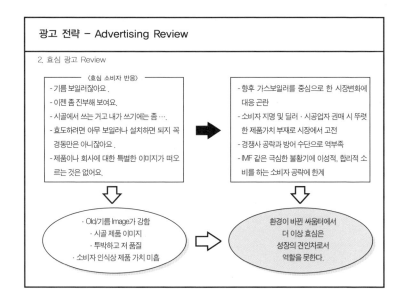

스티브 잡스의 프레젠테이션

앞의 예는 어느 기업의 광고 전략에 대한 프레젠테이션 자료의 일부로 다른 광고회사가 개발하여 제작한 이전 광고 효과에 대해 분석해 놓은 것입니다. 프레젠터의 말대로라면 그동안 이 회사는 시대에 뒤떨어지고 별 효과도 없는 광고를 집행해 온 것이 되어 버립니다. 하지만 이 점을 생각해 봅시다. 오늘의 클라이언트인 청중은 그동안 이런 광고를 줄곧 집행해 왔습니다. 대부분이 이런 방식의 광고에 동의를 했기 때문이지요. 청중 중의 누군가는 그런 광고 전략을 채택하고 집행하는 데 동조했거나 의사결정에 참여했던 사람입니다. 자사 제품을 팔기 위해, 새것이 더 좋다는 것을 알리기 위해 옛것을 비난하는 것은 자칫 잘못하면 그것을 채택하고 사용해 온 사람들을 비난하는 것처럼 들릴 수 있습니다.

과연, 이런 상황에서 스티브 잡스는 어떻게 할까요?

스티브 잡스의 프레젠테이션은?

잡스도 새로운 iMac을 소개하면서 기존의 iMac과 비교를 합니다. 하지만 우리가 옛것과 새것을 비교할 때 일반적으로 사용하는 것과는 다른 방법으로 비교합니다.

잡스의 프레젠테이션에서 가장 눈에 띄는 것은 절대로 옛것이나 경쟁사의 것을 직접적으로 비난하지 않는다는 점입니다. 옛것은 옛것대로

의 충분한 가치가 있었음을 강조합니다. 그러면서 자연스럽게 그보다
더 좋아진 새것을 어필합니다.

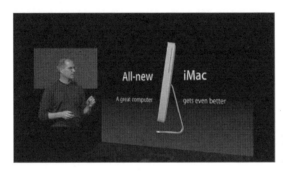

66

1년 전, 이 iMac을 출시한 바로 다음날부터
우리는 다음 버전의 개발을 시작했습니다.
그리고 오늘, 여러분께 최고의 데스크톱 구조라는
기존 노선을 그대로 유지하면서도
완전히 달라진 New iMac을 소개합니다.
우리는 위대한 컴퓨터를
더욱 좋은 것으로 만들었습니다.

99

잡스의 프레젠테이션은 이전 버전의 iMac을 쓰던 사람들을 결코 실
망시키지 않습니다. 여러분이 쓰고 있는 기존 제품 역시 충분히 훌륭
한 컴퓨터란 사실을 아래와 같은 구성을 통해, 그리고 많은 시간을 할
애하여 설명합니다.

_ iMac은 이미 훌륭한 컴퓨터이다.

_ 새로운 iMac도 이런 전통을 그대로 유지하고 있다.

_ 우리는 이 위대한 컴퓨터를 더 좋은 것으로 발전시켰다.

그리고 이전 버전의 제품을 개발할 때부터 애플이 추구했던 그 길을
지금도 변함없이 가고 있다고 말합니다. 그런 선상에서 오늘 완전히
새로워진 **All-new iMac**을 선보인다고 말합니다. 단 한 번도 이전
제품을 비난하거나, 이전 제품의 사용자들을 실망시키는 이야기를
하지 않습니다. 그러면서도 새로운 제품의 장점을 효과적으로 보여
주고 있습니다. 이것이 잡스의 프레젠테이션 스킬입니다.

옛것을 비난하지 않으면서 새것을 부각시켜라

프레젠테이션에 참석하는 청중 대부분은 비판적인 성향을 띠게 됩니
다. 내가 무엇을 잘하는가를 보려고 하지 않고 내가 무엇을 잘못하는
가를 찾아내어, 결국 결점이 가장 적어 보이는 프레젠테이션을 수용
합니다. 그래서 어떤 방식이든 그들을 비난하고 잘못한 것처럼 보이
게 만드는 것은 곧 그들을 나의 적으로 만드는 것과 같습니다. 비록
그것이 올바른 지적이라 할지라도 공개석상에서 자신을 비난하는 것
을 기분 좋게 받아드릴 수 있는 회사나 사람은 별로 많지 않습니다.

새롭다는 것은 단지 더 좋아졌다는 것을 의미할 뿐입니다. 옛것은 모

두 엉터리이고, 그것을 구입하거나 채택했던 사람들 모두 잘못된 것임을 의미하지는 않습니다.

옛것을 함부로 비난하지 마십시오. 그것의 구매나 사용에 관여했던 사람들이 잘못된 것처럼 비춰지지 않도록 주의하십시오. 그들을 비난하는 순간부터 그들은 나의 적이 됩니다. 나의 잘못을 찾아내서 공격적으로 나에게 반격을 시도합니다. 그렇게 나를 깎아내리고 실패하게 만들어야 자기가 살 수 있기 때문입니다. 따라서 아무리 사실이라 할지라도 그것이 옛것을 비난하거나 상대방을 자극할 수 있는 내용이라면 세심한 주의를 기울여 이야기해야 합니다. 나의 지적이 머리로는 이해가 될지 모르지만, 그들의 가슴이 이런 지적을 허용하지 않기 때문입니다.

Original Speech

1년 전, 이 iMac을 출시한 바로 다음날부터 우리는 다음 버전의 개발을 시작했습니다.

The day after we shipped this i-Mac a year ago, we started working on the next one.

그리고 오늘, 여러분께 최고의 데스크톱 구조라는 기존 노선을 그대로 유지하면서도 완전히 달라진 New iMac을 소개합니다.

And today we are introducing an all-new iMac continuing down the road of this ultimate desktop architecture.

우리는 위대한 컴퓨터를 더욱 좋은 것으로 만들었습니다.

We're gonna make a great computer even better.

| 동영상 위치 01:48~02:23 |

프레젠테이션은 구조가 핵심이다

Structure is everything

얼마 전 어느 기업의 새로운 거래선을 결정하기 위한 경쟁 프레젠테이션의 심사를 위해 참석한 적이 있습니다. 한 시간이 넘는 긴 프레젠테이션이었습니다. 프레젠터는 많은 자료를 갖고 열심히 프레젠테이션을 하기 시작했습니다. 그 프레젠터의 표정에는 자신감이 넘쳐흘렀습니다. 그렇게 한 시간 가량의 프레젠테이션이 끝났습니다. 그런데 방금 전 프레젠터가 한 이야기가 잘 생각나지 않았습니다. 저만 그런가 하여 옆 자리의 심사위원에게 물었습니다. 그 사람 역시 무슨 이야기를 들었는지 잘 모르겠다고 합니다. 무엇이 잘못된 것일까요?

프레젠테이션에서 얼마나 많은 내용을 전달하나요?
많은 내용으로 구성된 프레젠테이션을 효율적으로 전달하려면 적절한 그룹핑이 필요합니다. 대부분의 훌륭한 프레젠테이션은 세 가지 아이템이나, 세 개의 그룹으로 구성됩니다. 잡스의 프레젠테이션도 세 개의 아이템으로 구성되어 있습니다.

한 개나 두 개는 너무 적어 보이고 뭔가 부족해 보입니다. 그렇다고 여섯, 일곱 개를 하면 복잡하고 어려워 보입니다. 그래서 '3'이란 숫자가 적절하다고 할 수 있습니다. 프레젠테이션을 세 개의 그룹으로 나누어 구성하면 전달력과 이해력이 높아집니다. 다음의 이야기들을 살펴보십시오.

- 왔노라, 보았노라, 이겼노라.
- 국민의, 국민에 의한, 국민을 위한 정부
- 믿음, 소망, 사랑
- 닦고, 조이고, 기름치자.
- The good, the bad and the ugly.
- 가위바위보로 무언가를 결정할 때 삼세판을 한다.
- 올림픽은 치열한 예선을 거쳐 결국 금, 은, 동메달을 가린다.
- 변증법의 기본 단위는 정, 반, 합으로 이루어져 있다.
- 당구에서 게임을 끝내려면 쓰리쿠션을 쳐야 한다.
- 고스톱도 3점이 나야 끝이 난다.

이처럼 3이란 숫자는 우리와 친숙한 숫자입니다. 그래서 프레젠테이션에서도 3이란 숫자를 잘 활용하면 친숙하고 편안한 프레젠테이션을 만들 수 있습니다. 메시지가 상대방에게 기억되길 원한다면 가급적 세 개의 단위로 묶어 보십시오. 청중에게 단 세 개의 메시지만 전달해야 한다면 그것이 무엇이 되어야 할까를 생각하십시오. 그리고 슬라이드의 각 페이지에도 가급적 세 개 이상의 요소를 담지 마십시오.

그러나 여기서 끝이 아닙니다. 세 가지 요소로 그룹핑된 내용이라 할
지라도 그것을 청중에게 정확하게 전달하고 이해시키고 기억시키려
면 또 다른 프레젠테이션 테크닉이 필요합니다. 내용을 구조화시켜
전달하는 이른바 '3-Step Speech'가 필요합니다.

스티브 잡스의 프레젠테이션은?

우선 잡스의 프레젠테이션을 살펴보겠습니다.

← 전달력을 높이기 위한
'3-Step Speech' 기법

"

이제 완전히 달라진 New iMac은
세 가지의 훌륭한 기능을 가지고 있습니다.
첫째, 더 얇아졌습니다.
우리는 여러분이 보시는 것처럼 새로운 iMac에
더 많은 기능을 탑재하고도 더 얇게 만들 수 있게 되었습니다.
우리는 이 컴퓨터의 모양을 다시 손보았고,

그 결과 가장자리 부분이 더 얇아졌습니다.
새로운 20인치 모니터는 사실상 예전의 17인치보다도 더 얇아졌습니다.
여러분께서 눈앞에 보시는 것처럼
iMac은 더 아름답고 더 얇아졌습니다.
그래서 첫 번째는 더 얇아졌다는 것입니다.

99

이 부분에서 잡스는 새로운 iMac의 기능에 대해 설명을 합니다. 물론 미리 세 가지로 정리해 두었습니다. 더 얇아졌고, 비디오 카메라가 내장되었고, '프론트로Front Row'라는 멀티미디어 기능이 추가되었다는 내용입니다. 잡스가 이 내용을 프레젠테이션 하는 방법을 분석해 보겠습니다.

1. 새로운 iMac이 세 가지의 놀랍고 새로운 기능을 갖고 있음을 이야기한다.

2. 각각의 기능에 대해 자세히 설명을 한다.

3. 설명이 모두 끝나고 나면 지금까지 한 이야기를 다시 한번 요약해 준다.

결국 같은 이야기를 세 번 반복하는 셈입니다. 왜 잡스는 이런 방법을 사용할까요? 그 해답은 TV 뉴스를 살펴보면 알 수 있습니다. 뉴스는 매일 새로운 정보들을 모아서 전달해 주는 커뮤니케이션입니다. KBS, MBC, SBS는 물론 CNN, BBC 등 세상의 모든 TV 뉴스는 3단계의 구조를 지니고 있습니다.

- 뉴스의 초반부에서 오늘의 주요 뉴스의 개요를 보여 준다.
- 앵커가 기자나 리포터와 함께 세부 내용을 전한다.
- 뉴스의 후반부에 오늘의 주요 뉴스를 다시 한번 요약해 준다.

왜 모든 뉴스가 이런 방식을 택하고 있을까요? 뉴스는 시청자들에게 새로운 정보입니다. 그래서 뉴스를 한 번 이야기하는 것으로는 시청자들에게 정확하게 전달하기가 어렵습니다. 결국 같은 이야기를 세 번 반복하는 방법으로 이 문제를 해결합니다. 전 세계의 모든 주요 뉴스 채널들이 모두 이런 방법을 채택하고 있는데, 그 이유는 이것이 새로운 정보를 상대방에게 전달하기 위해 지금껏 알려진 커뮤니케이션 방법 중 가장 효과적인 것이기 때문입니다. 불행하게도 이보다 더 좋은 방법은 아직 알려지지 않았습니다.

모든 내용을 3-3-3의 트리 구조로 만들어라

대부분의 프레젠테이션도 뉴스와 같이 청중에게 새로운 정보를 전달하는 것입니다. 따라서 뉴스의 진행방식인 3단계 구조를 따르는 것이 효과적입니다. 먼저 개요를 이야기한 다음 본론을 이야기하고, 마지막으로 다시 한번 요약해 주는 것입니다.
다음의 표를 보십시오.

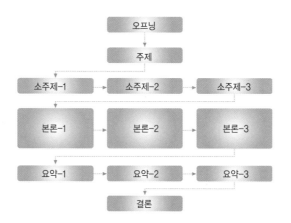

🍃 주제

지금부터 프레젠테이션 할 내용이 무엇인지를 말하는 단계입니다.

🍃 소주제 1,2,3

세 개로 나뉜 본론의 개요를 말하는 단계입니다.

🍃 본론

각각의 소주제와 관련된 자세한 내용을 말하는 단계입니다.

🍃 요약 1,2,3

본론에서 이야기한 것을 요약하여 정리하는 단계입니다.

그리고 앞, 뒤에 오프닝과 클로징을 추가하십시오. 오프닝은 Chapter 2

에서 언급한 내용과 같습니다. 프레젠테이션 전체에 효과적인 오프닝이 필요한 것처럼 각 파트에도 작은 '미니 오프닝'이 필요합니다. 클로징은 오프닝의 반대로 생각하시면 됩니다. 오프닝이 나의 프레젠테이션에 기대와 관심을 갖게 만들기 위한 것이었다면, 클로징은 지금까지 한 이야기가 청중의 머리와 가슴에 더 잘 각인되도록 하기 위한 마무리 단계입니다.

그렇다면 이런 방식이 청중에게 어떤 의미를 갖게 하는 것일까요?

_ 소주제
내가 지금부터 무슨 이야기를 할 것인지를 청중에게 미리 알려 주는 단계입니다. 청중은 프레젠터가 일러 주는 소주제를 듣고 지금부터 프레젠터가 자신에게 무슨 이야기를 할지 알게 됩니다. 그리고 프레젠터가 발표할 세부내용, 즉 본론을 담을 그릇을 준비하게 됩니다.

_ 본론
말 그대로 주제와 관련된 세부내역입니다. 상세한 정보와 구체적인 설명이 이 부분에서 이루어집니다. 청중은 소주제에서 미리 알려 준 바에 따라 미리 준비한 그릇 속에 프레젠터가 이야기하는 세부내용을 차곡차곡 담게 됩니다.

_ 요약
하지만 이 그릇에 담긴 내용들은 시간이 조금만 지나면 밖으로 흘러

나오거나 다른 소주제의 본론과 섞이기도 합니다. 그래서 다음 소주제로 넘어가기 전에 방금 담은 본론의 내용들이 뒤섞이지 않도록 그릇에 뚜껑을 덮는 과정이 필요합니다. 이것이 바로 요약입니다.

이와 같은 방식으로 그릇을 준비시키고, 그 그릇에 내용을 담고, 또다시 그릇에 뚜껑을 덮어 주는 일을 함으로써 나의 프레젠테이션은 일목요연하고, 이해하기 쉽고, 기억하기 좋은 프레젠테이션으로 만들어집니다.

가급적 프레젠테이션의 모든 내용이 '3-3-3의 트리 구조'를 갖도록 만들어 보십시오. 한 주제에 대해 세 개의 이야기를 만들고, 그 세 개의 주제가 모여 하나의 중간 챕터를 구성하고, 다시 중간 챕터 세 개가 모여 세 개의 커다란 섹션을 형성하고, 또 그 세 개의 섹션이 모여 하나의 프레젠테이션이 되도록 만들어 보십시오. 그리고 그것을 발표할 때, 위 도표와 같은 흐름과 순서에 따라 3단계의 스피치를 이용해 보십시오. 그러면 이제 당신의 프레젠테이션은 훨씬 더 짜임새 있어 보이고, 더 잘 이해되고, 더 잘 기억될 것입니다.

Original Speech

이제 완전히 달라진 New iMac은 세 가지의 훌륭한 기능을 갖고 있습니다.

Now, this all-new iMac has three great new features to it.

첫째, 더 얇아졌습니다.

Number one, it's even thinner.

우리는 여러분이 보시는 것처럼 새로운 iMac에 더 많은 기능을 탑재하고도 더 얇게 만들 수 있게 되었습니다.

We were able to make it even thinner as we put more functionality into it as you see.

우리는 이 컴퓨터의 모양을 다시 손보았고, 그 결과 가장자리 부분이 더 얇아졌습니다.

So we were able to take this and re-sculpt it so it's even thinner around the edges.

새로운 20인치 모니터는 사실상 예전의 17인치보다도 더 얇아졌습니다.

So, as a matter of fact, it's so thin that the 20 inches is now thinner than the 17 inches used to be.

여러분께서 눈앞에 보시는 것처럼 iMac은 더 아름답고 더 얇아졌습니다.

And when you see it in-person, it's just far more beautiful and far thinner.

그래서 첫 번째는 더 얇아졌다는 것입니다.

So number one is even thinner.

나를 위한 무엇이 담겨 있는가?

What's in it for me?

프 레젠테이션에 참석하는 청중은 무엇에 가장 큰 관심을 가질까
요? 그들은 우리의 제품이나 서비스의 특징, 장점, 사양 등에
는 별로 관심이 없습니다. 그들은 그 제품이나 서비스 안에 자신들을
위한 무엇이 있는가에만 관심을 갖습니다. 이른바 'What's in it for
me?' 입니다.

어느 한 노인이 휴대폰을 구매하려고 합니다. 물론 그분은 휴대폰을
이용하여 인터넷을 하거나 콘텐츠를 다운로드 받아 활용하는 것 따위
에는 관심이 없습니다. 사용할 줄도 모르고 필요하다고 느끼지도 못
하기 때문입니다. 그런 분에게 최고급 사양의 첨단 기능들은 아무런
의미가 없습니다. 그것보다는 커다란 문자판과 잘 들리는 벨소리, 누
르기 쉬운 키패드에 더 관심이 있습니다.

아무리 좋은 사양을 갖추고 있더라도 그것이 나에게 도움이 되지 않
는다면 그것은 없는 것이나 마찬가지입니다.

프레젠테이션에서 많은 기업들이 자신의 제품이나 서비스가 갖추고 있는 기능과 사양에 대해 목청 높여 이야기합니다. 하지만 그것이 청중에게 항상 잘 통하는 것은 아닙니다. "그래서 그것이 어쨌다는 거야?"라고 생각할 만큼 청중의 반응이 냉담할 수도 있습니다. 따라서 자사 제품을 소개할 때는 우선 이 제품의 장점에 대해 청중이 이해하기 쉽게 알려 준 뒤, 이 제품의 기능이나 특징이 청중에게 어떤 의미가 있는지를 분명히 밝혀 주어야 합니다. 그래야 그들로부터 이 제품을 사고 싶다는 마음을 갖게 할 수 있습니다.

스티브 잡스의 프레젠테이션은?

잡스는 iMac의 세 가지 기능 중 두 번째로 iSight video cam에 대해 설명합니다.

화면에 보이는 iSight 비디오 캠은 애플의 매킨토시 컴퓨터 이용자들이 화상회의나 화상채팅을 하기 위해 사용하는 외장형 비디오 카메라입니다. 물론 별도로 구매해야 하는 것입니다.

▲ 화상회의를 위한 외장형 비디오 카메라

이미 수많은 매킨토시 유저들이 iChat AV(애플 컴퓨터용 멀티미디어 메신저 프로그램)에 이 카메라를 연결해서 화상회의도 하고, 메시지도 주고받습니다. 시가 150달러짜리 비디오 카메라입니다. 그런 카메라가 오늘 소개하는 새로운 iMac에는 컴퓨터 안에 내장되어 있습니다. 물론 예전의 외장형 카메라보다 더 많은 기능과 훌륭한 사양을 지니고 있습니다. 그런데 웬일인지 잡스는 프레젠테이션을 하면서 이 제품의 사양에 대해서는 별로 강조를 하지 않습니다. 대신 이 카메라로 유저들이 무엇을 할 수 있는가를 집중적으로 설명하고, 그것을 확인시켜 줍니다.

모든 제품에는 그 제품이 지니고 있는 특징이나 장점들이 있습니다. 오늘 프레젠테이션에서 잡스가 소개하는 새로운 내장형 비디오 카메라도 많은 기술적 장점과 세부 사양이 있습니다. 잡스의 슬라이드에도 이 부분이 나타납니다. 하지만 이 부분에서 잡스의 프레젠테이션은 일반적으로 우리가 하는 것과는 조금 다르게 진행됩니다.

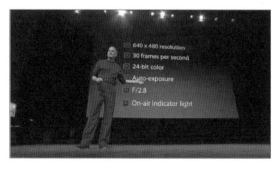

◀ 소비자는 제품의 속성이
주는 혜택을 구매한다

위 슬라이드를 보면 카메라의 해상도, 초당 프레임 수, 컬러모드, 자동노출 기능, 렌즈의 밝기, 녹화 중 표시 램프 등 여섯 가지의 제품 장점이 보입니다.

물론 모두 기존의 카메라보다 나아진 것들입니다. 상식적으로 예전보다 더 업그레이드된 기능이 담겨 있다면, 누구나 그것을 강조하여 다음과 같이 설명하려고 할 것입니다.

"기존의 외장형 iSight 비디오 카메라는
480×320의 낮은 해상도를 지니고 있었지만,
이번에 새롭게 내장된 카메라는 그보다 훨씬 높은
640×480의 해상도를 지니고 있습니다.

더 세밀하고 정교한 화상을 보여 줍니다."

잡스의 프레젠테이션에도 모든 제품 사양들이 슬라이드에 비쳐지지만, 그 중 어느 것에 대해서도 자세히 설명하지 않습니다. 그저 손을 뻗어 슬라이드를 가리키며 이렇게 말합니다.

"

이 카메라는 종전의 iSight 비디오 캠보다
더 뛰어난 성능을 지니고 있습니다.
훌륭한 기술적 사양을 갖고 있고,
모양도 환상적입니다.

"

왜 잡스는 이 제품에 대해 자세하게 설명하지 않을까요?

소비자는 속성이 아닌 혜택을 구매한다

"제품에는 속성 feature이 있고,
소비자는 그 속성이 주는 혜택 benefit을 구매한다."

이것이 소비자가 제품을 구매하는 방식입니다.

어느 소비자가 에어컨을 구매하려고 합니다. 물론 그 에어컨은 많은 기술적인 특징과 속성을 지니고 있습니다. 냉각방식, 열효율, 냉매, 냉각회로 등의 훌륭한 기술이 담겨 있습니다.

하지만 소비자가 에어컨을 구매하는 진짜 이유는 다른 곳에 있습니다. 그 제품이 지니고 있는 기술적 속성 때문이 아니라, 그 제품의 속성이 '소비자인 내게 줄 수 있는 혜택'이 무엇인가를 생각합니다.

사실 그 제품 자체는 소비자에게 큰 필요성을 주지 못합니다. 우리나라와 같은 기후 환경에서 에어컨은 일 년에 기껏해야 두세 달밖에 사용하지 않는 제품입니다. 한여름을 제외한 나머지 대부분의 기간 동안에는 쓸데없이 자리만 차지하고 있는 애물단지일 수도 있습니다.

그래도 소비자들이 에어컨을 구매하는 이유는 그 에어컨을 갖고 있음으로써 무더운 여름을 시원하고 쾌적하게 보낼 수 있다는 혜택이 있기 때문입니다. 이것이 소비자가 에어컨을 구매하는 진짜 이유입니다. 속성을 보고 사는 것이 아니라 편익을 보고 사는 것입니다.

> 또한 이 카메라는 종전의 iSight 비디오 캠보다
> 더 뛰어난 성능을 지니고 있습니다.
> 훌륭한 기술적 사양을 갖고 있고, 모양도 환상적입니다.
> 이제 여러분은 모니터 바로 앞에서
> iChat AV를 이용해서 화상회의를 할 수 있습니다.
> 모니터 바로 앞에서 화상회의가 가능합니다.
> 놀랍지 않으십니까?

이것이 내장형 **iSight** 비디오 카메라에 대해 잡스가 청중에게 하고 싶은 핵심입니다. 우리 제품에 어떤 기능과 어떤 사양이 있는가가 중요한 것이 아니라, 그런 기능이 사용자들에게 무엇을 할 수 있도록 하느냐가 중요하기 때문입니다.

무엇이 될 수 있고, 무엇을 할 수 있는가를 알려 줘라

때로는 제품의 사양에 대해 상세한 설명이 필요할 경우도 있습니다. 하지만 그런 경우조차도 그런 사양이 상대방에게 무슨 의미를 갖고

있는가를 분명하게 짚어 줄 필요가 있습니다. 그것이 나에게 의미 있는 가치를 지니고 있을 때 소비자는 구매를 결심하기 때문입니다.

잡스가 카메라의 사양이나 기능에 대해 상세히 설명하지 않는 이유도 바로 이것 때문입니다.

"우리 제품은 이런 것입니다. 이것이 귀하에게 의미하는 바는…."

이것이 프레젠테이션에서 기능이나 사양을 이야기할 때 내가 해야 할 일입니다. 청중은 우리 제품이 지니고 있는 기능이나 사양, 또 내가 제시하는 전략이나 아이디어가 아니라, 그것을 통해 그들이 무엇을 할 수 있고What to do?, 무엇이 될 수 있는가What to be?, 즉 자신들의 '혜택과 편익' 에만 관심을 갖는다는 점을 기억하십시오.

두 번째는 iSight 비디오 캠과 관련 있는 것 입니다.

Number two has to do with our iSight video cam.

이미 우리는 iChat AV와 연동되어 화상채 팅을 할 수 있는 iSight라는 놀라운 비디오 카메라를 갖고 있습니다.

Now we have this incredible video camera, iSight works with iChat AV for video conferencing.

또한 수많은 Mac 사용자들이 이 화상회의 시스템을 사용하고 있습니다. 이 카메라는 환상적입니다. 그렇다면 새로운 iMac과는 어떤 관계가 있을까요?

And hundreds and thousands of Mac users use this video conferencing. It' s fantastic.
What does it have to do with this new iMac?

새 iMac에는 iSight가 탑재되어 있습니다.

Well, New iMac has an iSight built in.

이 150불 상당의 비디오 카메라가 내장되었 습니다. 여러분이 슬라이드에서 보시듯 모니 터 상단에 비디오 카메라가 들어 있습니다. 환상적이지 않습니까?

This $150 video cam built-in. You can see up there at the top bezel right here and in your slide you know it' s on. It' s fantastic.

또한 이 카메라는 종전의 iSight 비디오 캠 보다 더 뛰어난 성능을 지니고 있습니다. 훌 륭한 기술적 사양을 갖고 있고, 모양도 환상 적입니다.

And the camera has even higher quality than the iSight. It' s got great technical specs and it looks fantastic.

이제 여러분은 모니터 바로 앞에서 iChat AV를 이용해 화상회의를 할 수 있습니다.

And so right out of the box, you get video conferencing with iChat AV.

모니터 바로 앞에서 화상회의가 가능합니다.

Video conferencing right out of the box.

놀랍지 않으십니까?

It' s fantastic.

믿게 만들려면 입증해 보여라

Say it and demonstrate it

'百聞不如一見.'
'Seeing is believing.'

동서양의 이 두 가지 속담은 모두 같은 것을 이야기하고 있습니다. 즉 '보지 않고서는 믿기 어렵다'는 것입니다. 보지 않은 것을 믿지 않는 것은 동양이나 서양이나 모두 비슷한가 봅니다. 다시 말해 사람들은 눈으로 확인할 수 있는 것, 즉 내 눈에 보이는 것을 더 잘 믿는다는 것입니다.

예를 들어 봅시다.

어느 오래된 연인이 있었습니다. 처음에는 사이가 좋았지만 시간이 지나면서 예전 같지 않게 되었습니다. 남자친구의 애정이 조금씩 식어 갔고, 게다가 요즘 남자친구의 행동이 수상하기까지 합니다. 주변에서 남자친구의 행실에 대해 이런 저런 이야기가 들려옵니다. 하지만 아직도 여자친구는 남자친구를 사랑했고 그래서 그 이야기를 믿지 않았습니다. 그러던 어느 날, 우연히 길을 가다가 아주 다정한 모습으로 다른 여자와 함께 걸어가고 있는 남자친구를 발견하게 되었습니다. 여자는 주변의 이야기가 모두 사실이었음을 깨닫게 되었습니다. 주변에서 이런 저런 이야기가 들려올 때는 그 말을 믿지 않았지만, 이제는 확실히 믿게 되었습니다. 자신의 눈으로 확인했기 때문입니다.

프레젠테이션에서도 무언가 내 눈으로 직접 보는 것은 우리가 생각하는 것 이상의 커다란 힘을 발휘합니다. 이런 좋은 방법을 잡스가 놓칠리 없겠지요?

스티브 잡스의 프레젠테이션은?

잡스는 방금 전에 이야기한 iSight 비디오 카메라에 관한 내용을 계속 이어갑니다. 그는 내장된 카메라로 컴퓨터 앞에서 화상회의를 할 수 있다고 말합니다. 이쯤 되면 청중은 과연 내장 카메라로 어떻게 화상회의를 하는지, 혹은 화상의 화질이 어느 정도인지 등 여러 가지 그 제품에 대해 궁금해할 것입니다. 그래서 청중이 보는 앞에서 시연을 해 보이려는 것입니다. 새로운 카메라의 성능을 설명하는 데 있어 시연을 통해 직접 보여 주는 것, 그 이상의 좋은 방법은 없기 때문입니다.

잡스는 지난 2005년 9월 7일, 캘리포니아에서 열렸던 iPod Nano의 신제품 발표를 위한 프레젠테이션에서 런던에 머물고 있는 가수 마돈나Madonna를 화상으로 연결하여 현장 인터뷰를 한 적이 있습니다. 이번에는 유명 연예인 대신 자신의 동료들을 호출합니다. 청중이 보는 앞에서 어떻게 접속을 하고 어떻게 보이는지를 시연합니다. 먼저 1:1 화상채팅입니다.

◀ 청중들이 믿을 수 있도록
직접 시연한다

"

다음엔 iChat으로 Phil을 불러 보도록 하겠습니다.
우선 창을 좀 크게 하고….

Steve : 이봐, Phil!
Phil   : 응. Steve. 어떻게 돼 가나?
Steve : 오, 잘 돼 가고 있지.
         난 지금 새 iMac으로 자네와 통화하고 있네.
         내가 어떻게 보이나?
Phil   : 오, 자네 정말 멋져 보이는군. 좋아! 하하하.
Steve : Phil은 제 부하직원이지요. (웃음)
         이봐, 자네 몇 명을 좀 더 불러 주겠나?

내가 다시 연결할게.

Phil　　: 그럼, 조금 있다 통화하지.

Steve　　: 고마워.

"

잡스는 iSight 비디오 카메라가 내장된 iMac에서 iChat AV 프로그램을 이용하여 동료인 Phil을 불러냅니다. 그리고 둘이 화상 대화를 나누는 모습을 청중에게 보여 줍니다. 자신의 모습이 어떠냐고 묻는 잡스에게 Phil이 멋져 보인다고 이야기하자, 이 친구는 제 부하직원이기 때문에 괜히 그런 소리를 하는 것이라고 말합니다. 이 순간에도 잡스는 유머를 잃지 않고 청중을 즐겁게 만들어 줍니다.

1:1 화상채팅이 가능하다고 해서 이것을 화상회의 시스템이라 부르기는 어려울 것입니다. 물론 애플의 iMac에는 여러 명이 동시에 접속하여 화상회의를 할 수 있는 시스템이 내장되어 있습니다. 이번에 잡스는 조금 전에 호출했던 Phil을 포함하여 다른 두 명의 동료를 더 불러냅니다. 이제 네 명이 함께 화상회의를 합니다.

◀ 새로운 iMac으로 화상회의를
　진행할 수 있다

각기 다른 장소에 머무르고 있는 네 명이 iMac의 새로운 내장형 iSight 비디오 카메라를 이용해서 간편하게 화상회의를 하고 있습니다. 잡스는 이 기능을 보여 주기 위해 현장에서 여러 가지 방식으로 시연을 합니다. 청중은 자신들의 눈앞에서 펼쳐지는 광경을 보며 새로운 iSight 비디오 카메라의 놀라운 기능에 대해 감탄합니다. 또 위대한 컴퓨터를 더 좋게 만들었다는 잡스의 주장이 틀리지 않았다는 것을 믿게 됩니다. 또한 이 섹션의 마지막 부분에서 자기가 이야기하려는 핵심을 다시 한번 반복하여 요약하는 잡스의 프레젠테이션 방법도 주의 깊게 보십시오.

66

이제 이 내장 카메라 덕분에
컴퓨터 앞에서 다른 아무런 장치 없이도
화상회의를 즐길 수 있게 되었습니다.

99

마지막에 핵심을 요약해서 정리해 주는 것, 아무리 강조해도 지나치지 않은 프레젠테이션의 기본 스킬입니다.

보는 것만큼 믿을 만한 것은 없다

시연을 통해 내가 이야기하는 것을 청중이 직접 눈으로 확인할 수 있게 만들고, 그것을 통해 내 이야기를 믿게 만드는 데몬스트레이션 스킬은 이 프레젠테이션 전체를 통해 계속 반복됩니다. 이것이 잡스의 프레젠테이션을 다이내믹하게 만들어 주는 것은 물론, 청중의 높은 주목을 끌어냅니다. 무엇보다 프레젠테이션에서 내가 이야기하는 것이 사실이라는 것을 믿게 만드는 결정적인 역할을 수행하게 됩니다.

프레젠테이션에서 청중은 내가 말하는 모든 것이 사실일 거라고 믿지 않습니다. 청중은 자신이 믿을 만한 것만 믿습니다. 따라서 우리는 청중으로 하여금 나의 말을 믿도록 만들어 주어야 합니다. 이처럼 청중을 믿게 만들려면 특별한 장치가 필요합니다.

Say it and demonstrate it!

프레젠테이션에서 내가 말하는 것을 믿게 만들려면 가장 먼저 그것을 청중의 눈앞에서 시연해 보이는 방법을 생각해 보십시오. 그 장소에서 시연이 불가능하다면 동영상이나 이미지를 통해 눈으로 볼 수 있도록 만들어 주십시오.
예를 들어, 우리 제품의 성능을 이야기할 때는 그것이 어떻게 작동하고 어떻게 사용되는가를 동영상이나 이미지를 통해 보여 주십시오. 딜러들이 본사에 대해 어떻게 생각하는지를 분석한 자료를 설명할 때도 프레젠터인 내가 이야기하는 것보다는 현장의 사진을 통해 보여 주거나, 혹은 딜러들의 이야기를 촬영하여 보여 주는 것이 훨씬 효과적입니다. 보여 주는 것만큼 믿음직한 것은 어디에도 없습니다.

Original Speech

다음엔 iChat으로 Phil을 불러 보도록 하겠습니다. 우선 창을 좀 크게 하고….

And I'm gonna go ahead and I'll just, I'll call Phil on a iChat. And I make my window a little bit bigger here.

Steve : 이봐, Phil!

Steve : Hey, Phil!

Pill : 응. Steve. 어떻게 돼 가나?

Pill : Hey, Steve. How's it going?

Steve : 오, 잘 되어 가고 있지. 난 지금 새 iMac으로 자네와 통화하고 있네. 내가 어떻게 보이나?

Steve : It's going great. I am calling you on new i-Mac and how do I look?

Pill : 오, 자네 정말 멋져 보이는군. 좋아! 하하하.

Pill : Oh, you look awesome. That's sweet! HaHaHaHa~.

Steve : Phil은 제 부하직원이지요. 이봐, 자네 몇 명을 좀 더 불러 주겠나? 내가 다시 연결할게.

Steve : Phil works for me.
Hey, listen. Why don't you get a few more guys and call me back.

Pill : 그럼, 조금 있다 통화하지.

Pill : I'll talk you in a second.

Steve : 고마워.

Steve : Thanks.

이와 같이 화면 바로 앞에서 별도의 장비 없이도 인터넷만 연결되면 PC에서 화상회의를 할 수 있습니다. 대단하죠.

So, right out of the box, video conferencing, without anything to buy, no cables to hook up outside of your internet connection, it's fantastic.

자, 조금 있으면 Phil이 저에게 다시 전화를 해서 '4자 간 대화'를 하고자 할 것입니다.

So, Phil's gonna call me back in just seconds here, and we will have a 'four way chat.'

스티브 잡스의 프레젠테이션

자, 가서 대화를 수락하고, full-screen으로 바꾸고.

I'm gonna go ahead and accept that.
I'm just gonna get full screen here.

Steve : 이봐, 저기 가운데 있는 자네 누군가? 이봐, Scott!

Steve : Hey, who's out at the middle over there? Hey, Scott.

Scott : 헤이, 난 지금 공부를 하고 있네.

Scott : Hey, I've tried to learn about.

Steve : 안녕. Petron.

Steve : Hi. Petron

이처럼 화면 바로 앞에서 별도의 장비 없이도 인터넷만 연결되면 PC에서 화상회의를 할 수 있다니, 상당히 놀랍죠?

So, it's pretty amazing to be able to do video conferencing without any extra stuff right out of the box.

| 동영상 위치 05:31~08:31 |

즐거워야 성공할 수 있다

Make them laugh

제가 경험한 많은 비즈니스 프레젠테이션의 공통점은 그것이 아주 심각하고 진지하다는 것입니다. 프레젠테이션의 내용은 물론이고, 그것을 전달하고 발표하는 프레젠터 역시 심각하고 진지합니다. 처음부터 끝까지 근엄한 표정과 태도를 잃지 않습니다. 프레젠터를 바라보고 있는 청중도 프레젠터의 그런 모습에 점점 동화되어 갑니다. 그러다 보니 프레젠테이션은 점점 딱딱해지고 흥미롭지 못합니다. 심각하고 진지한 것만이 능사는 아니라는 것을 우리 모두가 경험을 통해 잘 알고 있습니다. 그런데도 프레젠테이션 무대에만 올라가면 왜 심각해지는 걸까요?

프레젠터는 어떤 의미에서는 '엔터테이너 Entertainer'가 되어야 합니다. 무대 위에서 연기도 잘해야 하고, 청중이 내 이야기에 관심과 흥미를 느끼도록 만들어야 합니다. 또 무엇보다 그들을 즐겁게 만들어 주어야 합니다. 좋은 프레젠테이션을 보고 나면 언제나 기분이 좋습니다. 그러나 어떤 경우에는 참석한 청중을 즐겁게 만들지 못하면 프레젠테이션의 성공을 기대하기 힘들 때도 있습니다.

그렇다면 심각하고 어려운 비즈니스 프레젠테이션을 어떻게 유쾌하고 신나는 것으로 만들 수 있을까요?

스티브 잡스의 프레젠테이션은?

잡스의 프레젠테이션을 보겠습니다.

새로운 iSight는 물론 비디오 카메라입니다. 하지만 애플은 이 비디오 카메라를 일반 디지털 카메라처럼 쓸 수 있는 장치를 마련했습니다. 그리고 이 기능을 어떻게 사용하는지를 역시 시연을 통해 보여 줍니다.

애플의 iMac에는 '포토 부스Photo Booth'라고 불리는 소프트웨어가 포함되어 있습니다. 이것은 컴퓨터에서 사용되는 사진이나 스틸 이미지를 다루는 소프트웨어입니다. 포토 부스와 iSight 비디오 카메라가 결합되면 또 다른 놀라운 기능이 만들어집니다.

잡스는 새로운 포토 부스의 기능을 다양한 방법으로 시연해 보입니다. 프레젠테이션 내내 객석에선 웃음이 끊이지 않습니다. 즐거움으로 넘쳐납니다. 동영상에서 보듯이 잡스가 청중을 웃게 만들 수 있는 핵심은 바로 자신을 희생한다는 점입니다.

애플과 같은 거대 기업의 CEO로서, 그것도 자기 회사의 사활을 건 엄숙한 신제품 발표회에서 잡스와 같이 '용감한 행동'을 할 수 있는 회사의 대표가 얼마나 될까요? 제품 발표회에 참석한 청중을 이렇게 맘껏 웃게 만들고, 기분 좋게 만들 수 있는 프레젠터가 과연 얼마나 될까요?

스틸 카메라 기능과 관련해서 청중을 놀라게 만드는 첫 번째 아이디어는 플래시 기능입니다. 컴퓨터는 대부분 실내에 놓여 있습니다. 내장 카메라를 이용해서 사진을 찍는다 하더라도 실내다 보니 조명이 어두울 수밖에 없습니다. 사진에서 빛이 차지하는 비중은 절대적이기 때문에 조도가 높을수록 더 좋은 사진이 만들어집니다.
그렇다면 애플은 이 문제를 어떻게 해결했을까요? 잡스의 설명을 들어보겠습니다.

◀ 애플의 상상력이 만들어 낸
플래시 기능

우선, 잡스는 iMac에 기본으로 설치되어 있는 프로그램인 포토 부스 소프트웨어와 내장형 iSight 비디오 카메라를 이용해 사진 찍는 모습을 재현해 보입니다. 물론 카메라 앞에 앉아 있는 자신의 모습을 촬영합니다. 카메라를 통해 모니터에 나타나는 잡스의 얼굴이 청중이 보는 스크린에도 그대로 나타납니다.

모니터를 보며 적당한 표정을 짓고 마우스를 이용해 버튼을 누르면 하나, 둘, 셋 하고 사진이 찍힙니다. 촬영된 사진은 포토 부스의 아래편 창에 자동으로 저장됩니다. 이 프레젠테이션이 진행되는 곳은 극장입니다. 실내조명은 모두 어둡게 조절이 되어 있는 상태입니다. 그러나 잡스의 사진은 선명하고 밝게 촬영이 됩니다. 사진이 찍히는 순간, 갑자기 플래시가 터지듯 밝은 빛이 나타납니다.
그렇다면 플래시처럼 터진 이 조명은 어디서 온 것일까요? 잡스의 설명을 들어 보겠습니다.

"

한번은 저희가 어두운 방에 모여 있었습니다.
문득 '플래시가 있으면 정말 좋을 텐데…' 라고 생각했죠.
그런데 생각해 보니 우린 이미 플래시를 갖고 있었습니다.
이 모니터 뒤에 있는 많은 빛을 번쩍이게 하는 것이지요.
전체 디스플레이가 하얗게 변하면서
내장 플래시의 역할을 하는 것입니다.
그 성능은 매우 우수합니다.

"

객석에서는 박수와 웃음이 쏟아집니다. 애플의 상상력과 기술력에 대한 박수이자, 잡스의 프레젠테이션에 대한 박수입니다.

지금까지 진행된 프레젠테이션은 약 6분 정도입니다. 이 시간 내내 잡스는 청중을 계속해서 즐겁게 만들어 줍니다. 객석에선 웃음이 끊이지 않습니다. 프레젠테이션이 즐거워지는 만큼 프레젠테이션의 성과도 높아갑니다.

◀ 포토 부스의 다양한 촬영
모드를 직접 시연한다

그 외에도 포토 부스에 내장된 다양한 사진 촬영 모드를 차례로 소개합니다. 세피아 톤, 흑백 톤, 컬러 펜슬 효과, 적외선 온도 사진, 엑스레이 사진, 앤디 워홀의 작품과 같은 사진 등 다양한 사진 모드를 차례로 시연하며 소개합니다. 물론 사진의 모델은 모두 잡스 자신입니다. 한 장, 한 장 사진이 찍힐 때마다 객석에선 환호와 웃음, 박수가 끊이지 않습니다. 만약 잡스가 이 부분에서 자기 자신이 아닌 전문 모델을 이용해서 촬영을 하고 시연을 했다면 이런 반응이 나왔을까요?

포토 부스 소프트웨어를 사용하면 찍은 사진에 재미난 효과를 삽입하여 바로 이메일이나 메신저 프로그램을 통해 전송하거나 공유할 수 있습니다.

포토 부스 시연의 후반부로 가면 더 흥미진진해집니다. 포토 부스는 두 가지 모드의 사진 촬영 모듈을 제공합니다. 하나는 앞서 설명한 다양한 사진 촬영 모듈이고, 또 하나는 틴에이저들을 위한 Bulge, Dent, Twirl, Squeeze, Mirror, Light Tunnel, Stretch, Fish Eye 등과 같은 재미있는 사진 촬영 모듈입니다.

◀ 자신을 희생하며 웃음을 선사하는 모델 CEO

잡스는 이 부분에서도 효과적인 프레젠테이션을 위해 자신을 기꺼이

희생합니다. 그는 모듈의 기능을 설명하기 위해 다소 우습게 보이는 표정도 불사하고, 카메라 앞에 자신의 얼굴을 들이대는 것을 마다하지 않습니다. 잡스의 이런 용기에 청중은 즐거워하고 감탄합니다. 장내가 떠나갈 듯한 웃음과 함께 큰 박수가 이어집니다.

즐거움을 주는 것만큼 비즈니스는 성공한다

프레젠테이션은 물론 심각한 비즈니스입니다. 그래서 프레젠터가 단순히 엔터테이너처럼 되는 것은 경우에 따라 위험할 수도 있습니다. 하지만 '엔터테이닝Entertaining'은 의미가 조금 다릅니다.
엔터테이닝이란 흥미진진하고, 재미있고, 눈을 뗄 수 없고, 빠져들게 만들고, 신나고, 매력적이고, 생생하고, 호소력 있고, 자극적인 것을 의미합니다. 이런 이유로 모든 프레젠터가 엔터테이너가 될 필요는 없지만, 적어도 엔터테이닝을 생각해야 할 의무는 있습니다.

엔터테이닝은 단순히 청중을 웃기는 것이 아닙니다. 주제와 관련 없는 유머는 별 도움이 되지 않습니다. 때로는 그런 실없는 유머가 오히려 프레젠터의 신뢰감을 떨어뜨리고 프레젠테이션의 중요성을 손상시키기도 합니다. 뿐만 아니라, 비즈니스 프레젠테이션의 모든 유머는 사전에 정교하게 계획되어야 합니다. 유머를 던졌는데 아무도 그 유머를 듣고 웃지 않거나, 왜 그런 유머를 던지는지 의아해한다면 안 하느니만 못할 수도 있기 때문입니다.

어느 비즈니스에서나 적절한 유머는 힘이 됩니다. 주제와 상황, 청중에 꼭 맞는 유머를 개발하여 프레젠테이션에 반영해 보십시오. 유머를 통해 청중을 즐겁게 하는 프레젠테이션은 곧 성공의 가능성을 높여 줄 것입니다.

Original Speech

자, 지금부터 여러분께 Photo Booth를 보여 드리고자 합니다. 이것은 재미난 놀이를 할 수 있는 놀라운 기능입니다.

Now, I'd like to show you Photo Booth.
And this is just an incredible way to have some fun.

자, 여기 Photo Booth가 있습니다. 들어가서 제 사진을 찍어 보도록 하겠습니다.

So, here's the Photo booth. I will go ahead and just take my picture here.

놀랍지 않습니까?

Isn't it great?

한번은 저희가 어두운 방에 모여 있었습니다. 문득 "플래시가 있으면 정말 좋을 텐데…."라고 생각했죠. 그런데 생각해 보니 우린 이미 플래시를 갖고 있었습니다. 이 모니터 뒤에 있는 많은 빛을 번쩍이게 하는 것이지요. 전체 디스플레이가 하얗게 변하면서 내장 플래시의 역할을 하는 것입니다. 그 성능은 매우 우수합니다.

And you know we were in a dark room onetime, and we though 'Wouldn't it be great if we have a flash?' and we thought we do have a flash. There's a lot of light behind this display and just flash it to white. So there's a flash built-in, whole display goes whiten. It works really well. God!

이번엔 'Thermal' 모드로 가서, 이렇게 그냥 버튼만 누르면 끝이죠.

Uh, or I can go to 'Thermal' here, and just go ahead you know.

3, 2, 1….

다음엔 'X-ray' 모드.

음… 이건 전에 것보다 더 좋군요.

다음엔 '10대용' 기능으로 들어가 보도록 하겠습니다. 여기 2번이군요. 10대용 기능도 무척 재미있습니다.

'볼록 사진'을 한번 찍어 볼까요?

찍은 사진을 e-mail로 보낼 수도 있습니다. 그냥 메일로 보낼 수도 있고, iPhoto로 보낼 수도 있습니다. 무엇을 하든지 간에 방법은 매우 간단합니다.

혹은 iChat 메신저 프로그램의 자기 사진인 버디 픽쳐로 쓸 수도 있습니다. 정말 놀랍죠.

3,2,1….

And X-ray.

It gets even better.

So, then we decided to put in the teenager pix. And that's number 2 here. So the teenager's pix is really great.

I'm gonna pick 'bulge?' here.

And you can email them to. You can just email them or send them to i-Photo, or whatever you wanna do, it's really easy.

You can send them as your buddy picture in iChat, your account picture. And they're just terrific.

현장에 제품을 가져가라

Bring the product

다이내믹하고 흥미로운 프레젠테이션을 만들려면 볼거리가 많아야 합니다. 프레젠터가 아무리 뛰어난 스피치를 구사한다고 해도 시각적 볼거리를 제공하지 못한다면 청중은 프레젠테이션 내용의 상당 부분을 기억하지 못하게 됩니다. 이것이 프레젠테이션에 시각적 보조물Visual Aids이 필요한 이유입니다.

슬라이드, 동영상, 이미지, 사진, 클립아트, 차트, 도형, 플립차트, 샘플, 제작물 등이 모두 시각적 보조물입니다. 그렇다면 왜 프레젠테이션에 이와 같은 시각적 보조물들이 필요한 걸까요?

인도 출신의 유명한 교육학자인 쌤파스Sampath 교수는 인간이 외부의 정보를 받아들이고 학습하는 데 자신의 오감을 어떻게 사용하는가에 대한 논문을 발표했습니다.

그 교수의 논문에 의하면, 외부에서 들어오는 정보의 83%가 눈을 통해 들어오고 11%가 귀를 통해 들어온다고 합니다. 그리고 나머지 후각, 촉각, 미각이 차지하는 비중은 아주 미미하다고 합니다. 다시 말해, 프레젠터의 스피치를 보조해 주는 시각적인 볼거리가 제공되지 않는다면 내 이야기의 10% 정도만이 전달된다는 것입니다. 뿐만 아니라 시각적인 자료로 뒷받침해 주지 않으면 청중은 프레젠테이션의 대부분의 내용을 기억하지 못합니다. 따라서 청중을 이해시키고 기억시키려면 반드시 시각적인 전달을 고려해야 합니다.

스티브 잡스의 프레젠테이션은?

잡스도 청중에게 보여 주기 위해 오늘 프레젠테이션에서 자신이 소개할 제품들을 모두 현장에 가져다 놓았습니다. iMac, iPod, iTunes가 프레젠테이션 현장에 모두 등장합니다. 그 중에서 iMac의 새로운 기능인 Front Row에 대한 프레젠테이션을 보겠습니다.

Front Row는 컴퓨터에서 음악, 사진, DVD, 비디오 등 여러 가지 미디어를 감상할 수 있는 새로운 소프트웨어입니다. 그것은 iMac 컴퓨터에 기본으로 내장되어 있습니다. 잡스는 이 소프트웨어를 이용해서 어떻게 다양한 멀티미디어를 즐길 수 있는지를 설명합니다. Front Row의 모든 가능은 내장된 리모컨으로도 조작이 가능합니다.

"

방 안에서 소파에 앉아 음악을 즐기려면
리모컨이 필요할 것입니다.

그래서 우리는 리모컨을 만들었습니다.

하지만 애플 스타일로 만들었습니다.

애플 스타일의 리모컨이 무엇일까요?

바로 이것입니다.

버튼이 여섯 개뿐입니다.

아주 얇고 멋집니다.

손에 이렇게 쥘 수도 있습니다.

하지만 리모컨이 있다는 것보다 더 중요한 것은

이 리모컨으로 무엇을 할 수 있느냐 하는 것입니다.

이제 Front Row를 보여 드리겠습니다.

"

← 모든 청중은 자신들의 제품에
큰 애정을 가지고 있다

이렇게 이야기를 마친 잡스는 컴퓨터 옆으로 다가가서 무언가를 손에
들고 옵니다. 바로 지금 소개하려는 리모컨입니다. 일종의 시각적 보
조물인 셈이지요. 이제 청중은 잡스가 자랑하는 것처럼, 사이즈가 아
주 작아 잘 보이지는 않지만 이 조그만 리모컨이 하는 엄청난 일을 보
게 될 것입니다.

컴퓨터 작업을 하다가 음악이 듣고 싶으면 이 리모컨의 선택 버튼만 누르면 됩니다. 그 버튼을 다시 한번 누르면 원래의 컴퓨터 작업 화면으로 되돌아갑니다. 컴퓨터 화면의 어느 곳에서나 버튼 하나만 누르면 바로 Front Row 모드로 전환됩니다. Front Row 안에서 메뉴 버튼을 누르면 음악, 사진, DVD, 동영상 모드가 차례로 바뀝니다.

먼저 음악을 듣는 것을 시연해 보입니다. 음악 메뉴를 선택하면 iTunes의 라이브러리에 저장된 모든 음악과 내 컴퓨터에 저장된 연주 목록이 모두 나타납니다. 아래, 위, 좌, 우 버튼을 누르는 것만으로도 내가 원하는 음악을 쉽게 찾을 수 있습니다. 물론 음악의 볼륨도 이 리모컨 하나로 모두 조절할 수 있습니다.

사진도 마찬가지입니다. iTunes의 라이브러리에 있는 사진은 물론, 내 컴퓨터에 저장된 사진들의 목록이 한꺼번에 나타납니다. 음악을 찾을 때와 같이 리모컨의 버튼 몇 개만 누르면 내가 원하는 사진을 볼 수 있습니다. 앨범으로 저장된 사진을 슬라이드 쇼 모드로 실행시키면 멋진 배경음악과 함께 자동으로 사진이 슬라이드 쇼를 보여 줍니다.

◀ 시각적 보조물로 청중들의
가장 큰 이목을 끌 수 있다

이런 방식으로 DVD와 동영상, 영화 등을 감상하는 방법을 차례로 보여 줍니다. 그런데 설명하는 내내 잡스의 손에는 작은 리모컨이 들려 있습니다. 이것이 잡스의 프레젠테이션을 도와주는 시각적 보조물인 것입니다.

시각적 보조물 사용의 세 가지 원칙

프레젠테이션에 사용되는 시각적 보조물에는 '3C'라고 불리는 세 가지 기본 원칙이 있습니다.

🖋 Clear

그 시점에, 그 시각물이 등장하는 이유가 명확해야 합니다. 보여 줘야 할 시점에 보여 주지 않으면 그 프레젠테이션은 실패하고 맙니다. 또한 보여 줘야 할 내용이 아닌 엉뚱한 것을 보여 주면 청중은 혼란스러워합니다. 그러므로 프레젠테이션에 등장하는 모든 시각물은 그 나름대로의 분명한 존재 이유가 있어야 합니다.

🖋 Clean

프레젠테이션에 사용되는 시각물은 상태가 깨끗해야 합니다. 예를 들어, 웹사이트에서 다운받은 작은 이미지를 억지로 늘려 사용하다 보면 이미지의 픽셀이 깨져 볼품없이 되어 버립니다. 이미지만 볼품없어지는 것이 아니라, 나의 프레젠테이션까지도 볼품없어집니다. 시각물의 상태를 최상의 것으로 만드는 준비가 필요합니다.

● Creative

청중이 이미 예상하고 있는 뻔한 시각물은 효과가 떨어집니다. 반면에 청중이 전혀 예측하지 못했던, 그러나 프레젠테이션의 내용과 딱 맞아 떨어지는 창의적인 시각물은 언제나 프레젠테이션의 임팩트를 높여 줍니다. 일종의 '반전'이 이루어지는 것이죠.

프레젠테이션에 사용할 시각 자료를 준비할 때는 반드시 이 세 가지를 기억하십시오. 그리고 하나 더 기억해야 할 것이 있습니다. 그 어떤 시각물도 내가 소개하려고 하는 제품이나, 청중의 회사 제품만큼은 관심을 끌 수 없다는 사실입니다. 그 이유는 대부분의 사람들이 '실물'에 약하기 때문입니다. 특히 모든 청중은 자신들의 제품에 대해 특별한 애정을 가지고 있습니다. 그래서 프레젠테이션에 자기 제품이 등장하면 항상 높은 관심과 애정으로 그것을 주목합니다.

프레젠테이션에 제품을 가져가십시오. 실물을 가져가기 어렵다면 모형이나 축소 모델을 준비하는 것도 좋습니다. 대부분의 경우, 실물을 보여 주는 순간이 청중들로 하여금 가장 높은 주목을 끄는 시간이 될 것입니다.

방 안에서 소파에 앉아 음악을 즐기려면 리모컨이 필요할 것입니다. 그래서 우리는 리모컨을 만들었습니다. 하지만 애플 스타일로 만들었습니다.

It you're gonna enjoy it from your sofa, you're gonna need a remote control. So we've done a remote control, but we've done it in apple style.

애플 스타일의 리모컨이란 어떤 것일까요?

What is remote control in apple style?

바로 이것입니다.

It's this.

버튼이 여섯 개뿐이며, 아주 얇고 멋집니다. 손에 이렇게 쥘 수도 있습니다. 하지만 리모컨이 있다는 것보다 더 중요한 것은 이 리모컨으로 무엇을 할 수 있느냐 하는 것입니다. 이제 Front Row를 보여 드리겠습니다.

Six buttons. It's really thin, really nice. You can hold it in your hand like this. But it's just not about the remote, it's about what it can do. And I'd like to show Front-Row now.

자, 여기 제게 리모컨이 있습니다. 그리고 저는 소파 위에 앉아 방 안에서 음악을 좀 듣고 싶군요. 어떻게 하냐고요? 여기 메뉴 버튼을 누르기만 하면 끝이죠.

So now I've got my remote here, and I'm sitting on my sofa, and I wanna enjoy some music from across the room. What do I do, I push the menu button and that happens.

다시 한번 볼까요? 이건 제 컴퓨터 화면이고, 이건 Front-Row입니다. 음악을 들으려면 이렇게 하기만 하면 됩니다. 그래서 컴퓨터의 어디에서든 Front-Row 모드로 들어갈 수 있습니다.

Let's see that again. There's my computer, and this is Front-Row. That's all that takes to get it in. Thus, wherever I am, I'm in front row.

이동 중에도 사진, DVD, 비디오를 볼 수 있습니다.

우선 음악부터 들어 보도록 할까요? 제가 여기 뭘 가지고 있죠? 여기, 제 iTunes Music Library에 있는 모든 음악과 재생 리스트가 있습니다.

이 아래로 내려가서 음악들을 섞을 수도 있고, 언제든지 음악 목록들, 음악가, Podcasts 등을 선택하여 볼 수 있습니다. 여러 재생 리스트에서 제 것을 선택하고 바로 재생하는 것이죠.

방 안에 가만히 앉아서 앨범 소개를 보고, 볼륨을 조절하고, 다음 곡을 재생하고, 혹은 노래를 건너뛸 수도 있습니다. 이렇게 간단합니다.

And I can move around, look at my photos, play a DVD, and look at my videos.

But let's start with music. And what do I have here? I have all of the music from my iTunes Music Library and all of my play lists.

So I can just go down here, and shuffle songs and I can go on a play list, look at artists, Podcasts, whatever I want. And look at play lists, you know, pick up a play list, and just play it.

And from across the room, I see album mark, control your volume, go to the next song, and skip a song. That's simple.

현명하게 비교하라

Compare Smartly

비교는 우리의 방법을 설득시키고, 우리 것을 판매하기 위해 사용할 수 있는 유용한 도구입니다. 옛것과 새것을 비교하고 경쟁사의 것과 우리의 것을 비교함으로써 우리의 제품이나 서비스, 전략, 아이디어를 보다 효과적으로 판매할 수 있습니다.

비교의 가장 큰 목적은 그것을 통해 우리 것을 돋보이게 만드는 것입니다. 같은 내용도 어떤 방법으로 비교하느냐에 따라 받아들이는 임팩트가 달라질 수 있습니다.

예를 들어 보겠습니다.

우리 제품을 사용하면 일 년 동안 얼마나 생산성을 높일 수 있는가를 분기별로 비교하여 보여 주려고 합니다. 다음 두 개의 차트는 모두 같은 데이터를 이용해서 만든 것으로, 분기별 생산성 향상 추이를 비교해서 보여 주는 것입니다. 양쪽 차트 모두 분기별로 10%에서 33%까지의 생산성 향상 추이를 보여 주고 있습니다. 하지만 슬라이드를 어떻게 꾸며서, 어떻게 비교해 주느냐에 따라 임팩트가 달라집니다.

좌측 차트를 보면 시간이 지나도 생산성 향상 추이가 나아지는 것 같지 않습니다. 하지만 우측 차트에서는 생산성 향상 추이가 시간이 지남에 따라 나아지고 있음이 뚜렷하게 나타납니다. 이처럼 같은 데이터로 만든 슬라이드인데 무엇이 다를까요?

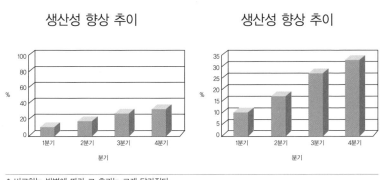

♠ 비교하는 방법에 따라 그 효과는 크게 달라진다

비결은 데이터의 눈금을 조정하는 것입니다. 좌측의 차트는 전체 눈금이 100%에 세팅되어 있고, 우측은 35%에 맞춰져 있습니다. 그래서 좌측은 별 진전이 없어 보이는 것이고, 우측은 눈에 띄게 향상되는 것처럼 보이는 것입니다. 이처럼 비교에도 특별한 스킬이 필요합니다. 이제 잡스의 스킬을 보도록 하겠습니다.

스티브 잡스의 프레젠테이션은?

새로운 미디어 플레이어인 Front Row에 대한 시연과 설명이 끝났습니다. 그런데 잡스는 아직도 할 말이 남아 있는 듯합니다. 조금 전까지 계속해서 손에 쥐고 Front Row의 기능을 설명하던 바로 그 리모컨을 다시 들고 나옵니다.

◀ 비교에도 현명한 스킬이
필요하다

"

리모컨에 대해 한 가지 더 말씀드리고자 합니다.
저에게 있어 리모컨은 애플이 무엇인가를
말해 주는 것이기 때문입니다.

"

스크린 가득 리모컨 사진이 나타납니다. 하나는 게이트웨이_{Gateway} 사의 컴퓨터에 사용되는 것이고, 다른 하나는 HP 사의 컴퓨터에 사용되는 것입니다. 이 사진이 나타나자마자 객석에서는 웃음이 터져 나옵니다. 잡스의 입가에도 미소가 흐릅니다. 그것은 잡스가 계속 손에 들고 보여 주던 리모컨에 비해 크기도 엄청 크고 생김새도 많이 다릅니다. 청중이 웃고 있는 사이 잡스가 다시 이야기를 시작합니다.

◀ 치밀한 구성은 비교의 효과를 높여 준다

"

마이크로소프트의 미디어센터에 사용되는
리모컨을 보시죠.
하나는 게이트웨이Gateway의 것이고,
다른 하나는 HP 컴퓨터에 사용되는 것입니다.
이것이 미디어센터를 작동시키기 위해
사용되는 것들입니다.
이렇게 생겼습니다.
그리고 이것이 저희의 리모컨입니다.

"

스크린에 나타나 있는 두 개의 커다랗고 복잡한 리모컨 사이로 작은 애플의 리모컨이 나타납니다. 객석에선 박수가 터져 나오고 웃음이 끊이질 않습니다. 계속되는 잡스의 프레젠테이션을 들어 보겠습니다.

> 66
> 버튼의 숫자만 세어 봐도
> 그들은 40개가 넘는 버튼을 가지고 있는 데 반해
> 저희의 것은 단 여섯 개뿐입니다.
> 제 생각에는 이 슬라이드만큼 애플이 어떤 것인지
> 잘 표현하는 것도 없다고 생각합니다.
> 99

잡스는 이제 리모컨 하나만으로도 경쟁사를 압도하는 것처럼 보입니다. 애플의 iMac이 다른 컴퓨터에 비해 훨씬 세련되고, 첨단 제품처럼 보여 청중들로 하여금 갖고 싶다는 충동을 불러일으킵니다. 이 섹션은 40여 초밖에 안 되는 짧은 시간이지만, 이 안에 아주 중요한 스킬이 담겨 있습니다. 그것은 바로 비교를 어떻게 해야 하는가에 대한 내용입니다.

효과적인 비교는 치밀한 구성을 필요로 한다

잡스의 프레젠테이션이 이처럼 주목 받는 이유는 바로 구성에 있습니다. 같은 이야기를 하더라도 잡스는 그것이 극적으로 흥미롭게 들리도록 치밀한 구성을 합니다. 잡스가 사용한 프레젠테이션의 구성과 순서를 다시 한번 요약해 보겠습니다.

1. 리모컨의 기능을 시연해 보인다.
2. 리모컨에 대해 한 가지 더 할 말이 있다고 말한다.
3. 경쟁사의 리모컨 두 개를 보여 준다.
4. 애플의 리모컨을 비교하여 보여 준다.
5. 리모컨의 버튼 개수를 비교한다.
6. 이것이 애플의 콘셉트임을 강조한다.

같은 내용이라도 이처럼 치밀한 구성을 바탕으로 자사 제품을 소개한다면 그 제품은 청중들의 머릿속에 강한 인상으로 남게 될 것입니다. 만약 다른 방식으로 프레젠테이션을 했다면 지금처럼 애플이 돋보이지도 않았을 뿐만 아니라 청중의 머릿속에 강한 인상을 심어 주지도 못했을 것입니다.

몇 해 전, '꼬리에 꼬리를 무는 영어'라는 어학서가 크게 히트한 적이 있습니다. 잡스의 프레젠테이션은 이 책의 제목처럼 꼬리에 꼬리를 물고 이어집니다. 그것이 물 흐르듯 자연스럽게 진행되고, 사람을 끌어들이는 강한 흡인력을 가지고 있습니다. 딱딱한 프레젠테이션과는 달리 옆 자리에 앉아 이야기를 나누는 것처럼 편안합니다. 그만큼 잡스의 프레젠테이션은 이해하기 쉽고 흥미롭습니다.

현명한 비교방법을 선택하라

잡스는 키노트 프레젠테이션 도중 종종 경쟁사와 비교를 합니다. 그러나 여기서 주목해야 할 것은 절대로 경쟁사에 대해 험담을 하거나 대놓고 비방하지 않는다는 것입니다. 하지만 치밀한 구성과 프레젠테이션 스킬로 경쟁사와 애플의 차이가 무엇인지 확실히 인식하도록 만들어 줍니다. 이것이 프로의 프레젠테이션 방식입니다.

《왜 비즈니스맨들은 바보처럼 말하는가?Why Business People Speak Like Idiots : A Bullfighter's Guide》라는 책이 있습니다. 이 책은 프레젠테이션에 관한 것은 아니지만, 프레젠테이션을 하는 모든 분들에게 권하고 싶은 책입니다. 이 책의 저자에 의하면 세상에는 다음과 같은 두 부류의 사람이 있다고 합니다.

– 분명하고, 직설적이고, 간단하게, 그리고 가슴으로 말하는 사람
– 똑똑하긴 하지만 불분명하고, 지루하고, 바보처럼 말하는 사람

비교를 할 때도 마찬가지입니다. 차이점이 분명히 보이도록 만들려면 분명하고, 직설적이고, 간단하게 이야기하는 방법을 선택해야 합니다. 이를 위해서는 잡스처럼 특별한 준비와 구성이 필요합니다.
프레젠테이션을 할 때 우리 것이 더 좋다는 이야기를 하고 싶다면 비교를 하십시오. 하지만 현명한 방법으로 하십시오.

Original Speech

리모컨에 대해 한 가지 더 말씀 드리고자 합니다. 저에게 있어 리모컨은 애플이 무엇인가를 말해 주는 것이기 때문입니다.

This remote control, I just want to point out something. Coz to me, this captures what apple's all about.

마이크로소프트의 미디어센터에 사용되는 리모컨을 보시죠. 하나는 게스트웨이Gateway의 것이고, 하나는 HP 컴퓨터에 사용되는 것입니다. 이것이 미디어센터를 작동시키기 위해 사용되는 것들입니다. 이렇게 생겼습니다.

If you look at the remote controls from Microsoft media center, this is one from Gateway and one from HP. This is what they look like. This is what it takes to operate that sort of things.

그리고 이것이 저희의 리모컨입니다.

And this is ours.

버튼의 숫자만 세어봐도 그들은 40개가 넘는 버튼을 가지고 있는 데 반해 저희의 것은 단지 여섯 개뿐입니다.

If you just count the buttons, there are over 40 and ours are 6.

제 생각에는 이 슬라이드만큼 애플Apple이 어떤 것인지 대해 이 슬라이드만큼 잘 표현하는 것은 없었다고 생각합니다.

So, I don't know if there has ever been a slide that captures what apple's about as much as this one.

가격을 제시하는 특별한 스킬

The great pricing skill

'Everyday Low Price!'

매일 매일 가장 저렴한 가격으로 판매한다는 월마트의 슬로건입니다. 소비자는 늘 이것을 원합니다. 세일즈를 위한 프레젠테이션의 청중도 다르지 않습니다. 더 좋은 제품을 더 낮은 가격에 구입하고 싶어 합니다.

세상에는 훌륭한 기능을 가진 상품도 많고, 값비싼 상품도 많이 있습니다. 반대로 기능이 형편없는 제품도 있고, 가격이 저렴한 상품도 있습니다. 하지만 품질만 좋다고 해서 다 잘 팔리는 것은 아닙니다. 또 가격이 싸다고 해서 반드시 잘 팔리는 것도 아닙니다. 소비자가 원하는 것은 언제나 훌륭한 기능을 가진 제품을 저렴한 가격에 구입하는 것이기 때문입니다.

소비자는 투자할 만한 가치를 가진 상품에 투자할 만한 금액만을 지불합니다. 그러나 제품을 만드는 기업의 입장에서는 품질과 가격, 이

두 마리의 토끼를 동시에 잡는 것이 여간 어려운 작업이 아닙니다. 세일즈 프레젠테이션의 마지막은 대체로 가격을 이야기하는 것으로 마무리됩니다. 프레젠테이션에서 제시한 제품의 성능이 아무리 뛰어나더라도 그 가격이 합당하다고 느껴지지 않으면 판매에 어려움을 겪게 됩니다. 그래서 제품에 대한 설명을 마치고 가격을 이야기할 때는 특별한 스킬이 필요합니다.

스티브 잡스의 프레젠테이션은?

잡스의 스킬을 보겠습니다.

이제 예전보다 훨씬 얇아지고 150불 상당의 iSight 비디오 카메라가 내장되어 있으며, 컴퓨터에서 다양한 미디어를 즐길 수 있는 소프트웨어 Front Row가 탑재된 새로운 iMac의 세 가지 핵심 기능에 대한 설명이 끝났습니다. 이어서 잡스는 일반적으로 컴퓨터의 성능을 이야기할 때 제시되는 사양에 대해 이야기합니다.

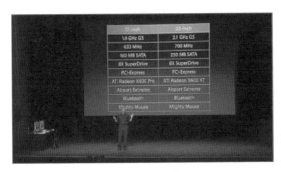

◀ 주제와 부제의 중요성에 따라 설명하는 방식이 다르다

CPU, 하드드라이브, 슈퍼드라이브, 그래픽카드, 무선 블루투스, 마이 티마우스 등의 사양을 17인치와 20인치 모델을 비교해가며 설명을 합니다. 이 부분에서 잡스의 프레젠테이션 속도를 눈여겨보십시오. 잡스는 지금까지의 프레젠테이션 속도에 비해 무척 빠른 속도로 이야 기를 진행합니다. 또한 별로 자세하게 설명하지도 않습니다. 물론 설 명할 항목이 많아서이기도 하지만 잡스는 이미 세 가지의 핵심 기능 만으로도 iMac의 우월성을 충분히 인식시켰다고 믿기 때문입니다. 그래서 나머지는 가볍게 보여 주는 것만으로도 충분하다고 생각합니 다. 다시 말해 주제와 부제의 비중을 그 중요도에 비례하여 설명하고, 시간을 배분하는 것입니다.

이제 새로운 17인치 iMac 컴퓨터의 가격에 대해 이야기를 이어갑니다.

← 가격을 발표하기 전 제품의 장점을 최대한 어필한다

66

그렇다면 이것들의 가격은 얼마나 될까요?
현재 17인치 모델의 가격은 1,299달러와 1,499달러입니다.
먼저 1,299달러에서 시작해 보죠.

이 1,299달러의 모델에 훨씬 빠른 프로세서와
그래픽과 다음 것들을 추가했습니다.
115달러 상당의 iSight 내장카메라,
Photo Booth, 리모컨,
슈퍼 드라이브와 함께 사용할 수 있는 Front Row,
마이티 마우스 등을 추가로 제공합니다.
그리고 더 얇아졌습니다.
이렇게 달라진 17인치 모델의 값을 얼마나 받아야 할까요?
종전과 같이 1,299달러입니다.
그래서 저희는 이 모델이 큰 인기를 끌 것이라고 생각합니다.

"

새롭게 추가된 기능과 개선된 성능에 대해 이야기를 들을 때는 누구나 고개를 끄덕거립니다. 하지만 제품 가격을 이야기할 때쯤이면 생각이 달라집니다. 더구나 이처럼 많은 기능이 추가되었다면 당연히 제품 가격이 올랐을 것이라고 예상할 것입니다. 그런데 애플은 기술 개발과 원가 절감을 통해 예전보다 더 좋아진 iMac을 예전과 같은 가격에 내놓았습니다. 그리고 이 부분을 최대한 극적으로 활용하기 위해 특별한 방식으로 프레젠테이션을 구성했습니다.

잡스가 새로운 iMac의 가격을 발표하자마자 객석에서는 박수가 터져 나옵니다. 물론 더 좋은 제품을 예전과 같은 가격에 공급할 수 있게 만든 애플의 노력과 성과에 보내는 찬사입니다. 하지만 한편으로 그들은 잡스의 정교하고 치밀한 프레젠테이션 스킬에 매료된 것입니다.
이어서 20인치 제품에 대한 가격이 발표됩니다.

← 예상을 뛰어넘는 극적인 구
성력에 청중들은 환호한다

"
현재 20인치 모델은 1,799달러에 판매되고 있습니다.
거기에 위에 언급된 모든 것들을 추가해서
오히려 1,699달러에 출시할 예정입니다.
이 또한 매우 성공적인 제품이 되리라 확신합니다.
"

객석에서는 다시 한번 박수와 환호성이 터져 나옵니다. 17인치보다
더 큰 혜택을 누리게 되었기 때문입니다. 더 좋아진 17인치 제품을 예
전과 같은 가격으로 출시한다는 것도 기쁜 소식인데, 20인치는 더 좋
아진 제품을 현재 가격보다 더 싸게 공급한다고 합니다. 과연 이런 판
매자를 마다할 소비자가 있을까요? 이런 제품을 갖고 싶지 않아할 소
비자가 있을까요?

청중을 끌어당기는 스킬

마지막으로 잡스는 이 제품들이 바로 오늘부터 출시된다는 선언을 하고 iMac에 대한 소개를 마무리합니다. 아래 보이는 슬라이드에는 'Today'라는 텍스트가 제품 옆에 큼직하게 써 있습니다. 오늘 이 프레젠테이션에 참석한 청중은 대부분 애플의 딜러이거나 언론기관에 종사하는 사람들입니다. 잡스는 앞으로 이 제품의 판매를 직접 담당할 딜러들에게 자부심과 소명감을 불어넣고 싶어 합니다. 그래서 지금 이 순간, 바로 이 사람들 앞에서 새로운 iMac의 출시를 선언합니다.

◀ 새로운 iMac의 출시를
   선언하는 잡스

"
새로운 iMac은 출시 준비를 마치고
오늘부터 극동 지역에 있는 공장에서
출고될 예정입니다.
다음 주 중간쯤이면 매장에 놓일 수 있도록
오늘 출고를 시작합니다.
"

우리 주변에서도 많은 기업들이 신제품 출시를 앞두고, 여러 유관 단체나 사람들을 모아놓고 신제품 발표회를 갖습니다. 하지만 대부분의 신제품 발표회는 출시일을 얼마 남겨 두고 미리 이루어집니다. 제품에 대한 설명을 마치고 나면 출시 일정을 알려 줍니다. 다음달 며칠부터 시장에 출시가 될 것이라고 이야기합니다.

잡스의 방식과 우리 방식의 차이는 무엇일까요? 그것은 바로 제품 출시의 시기입니다. 잡스는 현장에서 바로 오늘부터 출시가 이루어진다고 발표합니다. 돌아가서 한참을 기다리면 그때 출시가 될 것이라고 말하지 않습니다. 그렇다면 어떤 것이 일선에서 판매를 담당하게 될 딜러들에게 이 제품이 나와 같은 운명을 안고 있고, 나와 함께 한다는 인상을 심어 주는 데 더 효과적일까요?

잡스의 프레젠테이션은 발표라기보다는 이야기에 가까워 보입니다. 문어체보다는 구어체에 가깝습니다. 수천 명의 청중들 앞에서 프레젠테이션을 하지만, 마치 둘이 마주 앉아 이야기를 나누는 것처럼 느껴집니다. 그만큼 자연스럽고 편안합니다. 가장 민감한 사안인 가격을 이야기할 때도 예외가 아닙니다.

잡스가 제품의 가격을 제시하는 패턴을 요약해 보면 다음과 같습니다.

1. 현재 동종 제품의 가격은 얼마이다.

2. 여기에 새로운 기능을 추가하고 개선했다.

3. 이제 가격은 얼마가 되어야 할까?

4. 예전과 같은 가격이다(혹은 예전보다 더 낮아졌다).

모든 제품의 가격이 잡스의 제품과 같을 수는 없을 것입니다. 더 좋은 제품이 더 싸게 판매되는 경우는 흔치 않기 때문입니다. 하지만 제품의 가격이 비싸든 싸든 간에 물건을 파는 사람이 제 입으로 자기 제품의 가격에 대해 말하는 것은 어떤 경우에도 설득적이지 못합니다. "가격은 좀 비싸지만 그만한 가치를 합니다."라든가, "정말 가격이 좋지 않습니까?"와 같은 이야기는 프로의 방법이 아닙니다. 그런 이야기는 세일즈맨이 할 이야기가 아니라 바로 세일즈맨의 설명을 듣고 난 소비자가 느껴야 하는 것입니다.

소비자의 마음속에서 이런 느낌이 일어나게 하려면 잡스의 프레젠테이션 방법처럼 제품의 성능과 가격과의 관계를 치밀하게 구성하고 현명한 방법으로 전달해야 합니다.

여기까지가 3막 중의 제1막 iMac에 대한 프레젠테이션입니다.

이처럼 Front Row와 iSight 비디오 카메라가 모든 새 iMac에 내장되었지만, 그럼에도 불구하고 훨씬 얇아졌습니다.

물론 위의 세 가지 놀라운 새 기능들과 더불어 일반적인 컴퓨터의 기능도 가지고 있습니다.

새로운 iMac은 17인치와 20인치의 두 가지 모델이 있습니다. 모두 종전보다 훨씬 더 빠른 프로세서, 더 빠른 데이터 전송경로, 대용량 하드드라이브, 슈퍼드라이브 등을 탑재하고 있습니다. 또한 그래픽 카드를 위한 PCI-Express가 탑재되어 있어 그래픽 속도가 더 빨라졌고, 더 빠른 그래픽 칩이 탑재되었습니다. 그 밖에도 모든 컴퓨터에 Airport Extreme, Bluetooth, Mighty Mouse를 제공합니다.

그렇다면 이것들의 가격은 얼마나 될까요? 현재 17인치 모델의 가격은 1,299달러와 1,499달러입니다. 먼저 1,299달러에서 시작해 보죠.

이 1,299달러 모델에 훨씬 빠른 프로세서와 그래픽과 다음 것들을 추가했습니다. 115달러 상당의 iSight 내장카메라, Photo Booth, 리모컨, 슈퍼드라이브와 함께 사용할 수 있는 Front Row, 마이티 마우스 등을 추가로 제공합니다. 그리고 더 얇아졌습

And that, my friend is 'Front Row', built in to every new iMac, along with a built-in iSight video camera, and all of that, even thinner.

So, three new great features and of course, we've got the normal computer features too.

We've got two models 17 inches and 20 inches. They've got faster processors, faster buses, big hard drives in them, both have super drives in them. They have PCI-Express for the graphics and the graphics are faster, fast graphic's chips, Airport Extreme, Bluetooth, and we've been putting Mighty mouse in each one now.

So, what are these things gonna cost? Well, the 17 inch today, costs $1299 and $1499. Let's start with $1299 one. Right?

We're gonna take the 1299 one and we're gonna add faster processors, fast graphics and all this stuff. A built-in $115 iSight video camera, Photo Booth, the remote control, Front Row building in a SuperDrive,

니다. 이렇게 달라진 17인치 모델의 값을 얼마나 받아야 할까요? 종전과 같이 1,299달러입니다. 그래서 저희는 이 모델이 큰 인기를 끌 것이라고 생각합니다.

현재 20인치 모델은 1,799달러에 판매되고 있습니다. 거기에 위에 언급된 모든 것들을 추가해서 오히려 1,699달러에 판매할 예정입니다. 이 또한 매우 성공적인 제품이 되리라 확신합니다.

새로운 iMac은 출시 준비를 마치고 바로 오늘 극동 지역에 있는 공장에서 출고될 예정입니다. 다음 주 중간쯤이면 매장에 놓일 수 있도록 오늘 출고를 시작합니다.

우리는 이 새 iMac은 기념비적인 데스크톱 제품이라 생각하며, 지금껏 저희가 만들어 왔던 컴퓨터 중에서 최고라고 생각합니다.

특히 우리는 크리스마스 시즌을 앞두고 있습니다. 새 iMac은 많은 사람들에게 사랑을 받게 될 것입니다.

지금까지가 제1막이었습니다.

Mighty Mouse and all of that, it's even thinner. And what are we gonna price that? The same $1299. So, we think this is gonna be really popular.

The 20 inch model sells for $1799 today, and with all of this extra stuff, it's now gonna sell for $1699. So, we think this is gonna be really hot product.

The new iMacs are available. We are shipping them today out of our factories in the far east. We will be heading stores in the middle of next week so they are shipping today.

And we think this is gonna be a landmark desktop product for us, and we think this is one of the best computer products we've ever made.

And especially we are heading into the special holiday seasons. And a lot of people are really gonna love this new i-Mac.

So that was Act 1.

스티브 잡스의 프레젠테이션

차트는 숫자가 아니라 그림이다

Chart it, Draw it

프 레젠테이션의 대부분은 프레젠터의 말에 의해 전달됩니다. 그
래서 많은 프레젠터들은 말하기의 중요성에 대해 이야기하고,
어떻게 하면 말을 더 잘할 수 있을까 고민합니다. 심지어 어떤 사람은
프레젠테이션 스킬을 배우기 위해 스피치 학원에 등록을 하기도 합니
다. 하지만 그에 비해 상대적으로 보는 것에 대해서는 소홀이 여깁니
다. 그저 내가 이야기할 내용들을 슬라이드에 적어 놓는 정도면 충분
하다고 생각합니다. 그래서 많은 프레젠테이션 슬라이드가 텍스트나
도표 등으로 꾸며집니다.

하지만 앞서 9장에서 이야기한 것처럼 프레젠테이션은 듣는 것과 보
는 것으로 이루어져 있습니다. 듣는 것 이상으로 보는 것 역시 중요합
니다. 보여 주되, 어떤 방식으로 보여 주는가가 매우 중요합니다. 특히
수치자료를 차트로 꾸며 보여 주는 경우에는 세심한 부분에까지 신경
을 써야 합니다.

잡스의 슬라이드를 통해 알아보도록 하겠습니다.

스티브 잡스의 프레젠테이션은?

이제 제1막 iMac에 대한 설명이 끝나고 제2막으로 접어들었습니다. MP3 플레이어인 iPod에 대한 소개입니다. 스티브 잡스는 언젠가 iPod에 대해 이런 이야기를 한 적이 있습니다.

"

새집에 이사했다고 치자.

맨 처음 우리가 하는 일은 전화 회사에

전화 설치를 부탁하는 것이다.

하지만 젊은 친구들은 그냥 휴대폰만 들고 이사한다.

오디오도 마찬가지다.

젊은이들은 오디오를 사지 않는다.

대신 iPod에 쓸 스피커만 구입한다.

이것이 오디오 시장의 현황이다.

사람들은 이제 JVC나 소니의 오디오 시스템을 사는 대신

iPod과 보스Bose 스피커를 산다.

사정이 이런데도 오디오 회사들은

우리에게 제휴를 구하러 오지 않는다.

아직도 과거의 관점에 사로잡혀 있는 회사들이 많다.

"

애플의 iPod은 이런 제품입니다. 더 이상 휴대용 뮤직 플레이어에 머

물지 않습니다. 제2막의 서두에서 잡스는 기존의 iPod 제품 판매가 얼마나 성공적이었나를 자료를 통해 보여 주며 설명합니다. 연간 판매량, 시장 점유율, 최근 출시된 iPod Nano의 폭발적인 시장 반응 등 세 가지의 자료가 등장합니다.

먼저 iPod의 시장 성과에 대한 설명입니다.

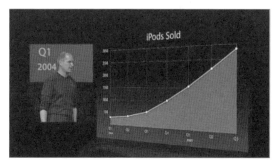

◀ 간결하지만 강력한 차트

66

바로 어제 저희는 지난달에 끝난 회계보고에서
9월 24일 현재 약 3,000만 대의 iPod을
출고했음을 발표했습니다.
무려 3,000만 대의 iPod입니다.

99

잡스는 이것을 설명하기 위해 간결하고 임팩트 있는 슬라이드를 준비했습니다. 화면의 슬라이드에는 2004년 1/4분기에서 2005년 3/4분기까지의 iPod 매출 현황이 나타나 있습니다. 하지만 구체적인 수치는 보이지 않습니다. 이 부분에서 잡스에게 중요한 것은 몇 분기에 몇 대의 iPod을 판매했느냐가 아니기 때문입니다. 그는 발매 이후 지금까지 iPod의 매출이 꾸준히 성장하고 있고, 특히 최근 들어 급증하고 있다는 사실을 보여 주고 싶었던 것입니다. 그래서 이런 추이가 시각적으로 잘 나타날 수 있는 슬라이드를 만들었습니다.

상황에 맞는 차트를 선택하라

우선 앞에서 설명한 슬라이드를 보면, 판매 추이를 나타낸 도표가 아닌 차트, 즉 텍스트가 아닌 그림으로 보여 주고 있습니다. 뿐만 아니라 차트의 형태도 증가 추이를 가장 잘 나타낼 수 있는 '영역형 차트'를 채택하고 있습니다. 만약 이 데이터를 막대차트로 표현했다면 어땠을까요? 혹은 꺾은선 차트는 어땠을까요?

데이터를 보여 주는데 어떤 형태의 차트를 사용하느냐는 매우 중요한 선택입니다. 같은 데이터도 차트의 유형에 따라 전달되는 느낌이 다르기 때문입니다.

다음은 iPod의 시장 점유율에 대한 설명이 이어집니다.

❝

우리의 시장 점유율은

전체 MP3 플레이어 판매의
75%나 됩니다. 75%입니다.

"

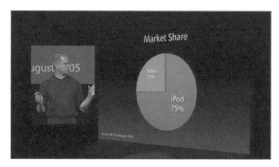

◀ 전달하고자 하는 메시지만
정확하게 강조하라

실제로 애플의 iPod은 폭발적인 신장세를 기록하고 있는 빅 히트 상품입니다. 미국의 저명한 시장조사기관인 NPD Group의 최근 자료에 의하면, iPod은 시장 점유율을 80% 수준까지 끌어올린 것으로 알려져 있습니다. 미국 시장의 80%를 애플이 독식하고, 나머지 20%의 시장을 놓고 삼성, 아이리버 같은 우리나라 기업과 크리에이티브, 소니, RCA 등의 외국 기업이 치열한 경쟁을 벌이고 있습니다. 현재로서는 어느 누구도 iPod의 상대가 될 것 같지 않습니다.

차트에서 전달하고 싶은 메시지만 강조하라

위 슬라이드를 보면 역시 앞의 차트와 같이 단순합니다. 애플의 점유율 75%와 기타 25%의 두 요소뿐입니다. 만약 우리라면 이 슬라이드에 사용할 차트를 어떻게 만들었을까요?

나머지 25%를 차지하고 있는 여러 개의 브랜드를 모두 열거하여 그들이 각각 얼마의 점유율을 가지고 있는지를 일일이 다 보여 줍니다. 또 얼마 안 되는 점유율을 다시 브랜드 별로 나누다 보니 어떤 것은 아예 보이지도 않습니다. 하지만 우리는 늘 이런 식으로 차트를 만듭니다.

뿐만 아니라, 이것을 설명할 때도 나머지 브랜드의 점유율 수치를 하나하나 친절하게 알려 줍니다. 내가 전달하려는 핵심 메시지가 무엇인지를 생각하지 않고 그저 있는 그대로 보여 주고 이야기할 뿐입니다. 하지만 결과는 뻔합니다.

주제와 부제가 모두 같은 비중으로 보이고 이야기되다 보니 핵심이 드러나지 않습니다. 그러면 청중은 무엇을 들었는지 기억조차 하지 못하게 됩니다.

단순한 키 워드와 키 비주얼로 이야기하라

마지막으로 하나를 더 보겠습니다.

잡스는 iPod의 매출 추이와 시장 점유율 자료를 보여 준 뒤, 최근 새롭게 선보인 iPod Nano에 대한 이야기를 꺼냅니다.

Sold in first 17 days

＂

이런 흐름을 계속 유지하기 위해
우리는 5주 전에 iPod Nano라는
신제품을 발표했습니다.
5주 전의 일입니다.
iPod Nano는 발매 17일 만인
2005년 9월 24일까지
이미 1,000,000대 판매를 돌파했습니다.
벌써 1,000,000대가 넘었습니다.
넘치는 주문 수요를 맞추기가
어려울 지경입니다.

＂

위 슬라이드를 살펴보아도 마찬가지입니다. 잡스의 프레젠테이션
슬라이드는 언제나 같습니다. 한 줄의 키워드 혹은 한 장의 키 비주얼
뿐입니다. 이 슬라이드에서 키워드는 '1,000,000'이라는 숫자입니

다. 당연히 슬라이드에는 '1 Million'이라는 키워드가 선명하게 나타나 있습니다. 뿐만 아니라 설명을 하는 동안에도 '1,000,000'이라는 키워드를 두 번 반복합니다.

이런 식으로 내가 말하고 싶은 핵심 포인트를 청중의 눈과 귀에 분명하게 보이고 들리도록 만들어 줍니다. 모든 청중은 프레젠터가 전달하려고 하는 이 부분의 핵심을 보지 않으려 해도 보게 되고, 듣지 않으려 해도 듣게 됩니다. 또 기억하지 않으려고 해도 분명히 기억하게 됩니다.

프레젠테이션 관련 서적들을 살펴보면 프레젠테이션 컨설턴트들이 훌륭한 프레젠테이션의 비법이니, 스킬이니 하며 팁들과 노하우를 이야기합니다. 그런데 그들이 이야기하는 것 중에는 몇 가지 공통적인 것이 있습니다. 바로 슬라이드 안에 최소한의 텍스트를 쓰라는 것입니다. 물론 좋은 지적입니다. 하지만 그들이 말하는 최소한이라는 게 알고 보면 한 슬라이드 안에 '7줄 이내'로 텍스트를 제한하라는 것입니다. 혹시 한 단어나 두 단어, 아니면 아예 텍스트를 없애 버린다면 준비를 소홀히 한 것처럼 보일까요? 반대로 슬라이드마다 텍스트와 복잡한 도표를 가득 채워 놓으면 열심히 준비한 것처럼 보일까요? 절대 그렇지 않습니다. 청중을 생각하십시오. 글머리 기호는 텍스트 문서를 위한 것이지 슬라이드를 위한 것이 아닙니다.

스티브 잡스를 포함한 위대한 프레젠터들은 절대 그런 것을 이용해서 슬라이드를 만들지 않습니다.

'단순화'를 시키면 메시지가 약해지는 것이 아니라 오히려 강화됩니다. 때로는 단순한 것이 가장 완벽하고 가장 큰 임팩트를 만들어 냅니다. 슬라이드의 비주얼 디자인도 마찬가지입니다. 단순화와 명료화가 핵심입니다.

디자이너가 아닌 다른 사람들은 너무 단순하게 만들면 전달력이 떨어지고 깊이가 없어진다고 오해하고 있습니다. 또한 단순화시키는 것을 너무 쉽게 생각합니다. 장담하건대 단순화는 결코 쉬운 작업이 아닙니다. 하지만 그것을 제대로 해냈을 때 그것이 가져다주는 힘은 놀랍습니다.

Let them see it and visualize it!

웬만하면 차트를 볼 수 있게 만들어 주고, 그것을 가급적 그림으로 보여 주십시오. 숲 속에 서 있는 나무보다는 사막에 서 있는 한 그루의 오아시스가 눈에 더 잘 띄는 법입니다. 강조하고 싶은 포인트가 있다면 그것을 살리기 위해 다른 것을 죽이는 용기를 가져야 합니다. 슬라이드 속의 내용이 자기들끼리 싸우는 일이 없도록 만들어야 합니다. 이것이 메시지를 시각화하는 또 하나의 방법입니다.

Original Speech

제2막은 iPod입니다.

바로 어제 저희는 지난달에 끝난 회계보고에서 9월 24일 현재 약 3,000만 대의 iPod을 출고했음을 발표했습니다. 무려 3,000만 대의 iPod입니다.

우리의 시장 점유율은 전체 MP3 시장의 75%를 차지합니다. 75%입니다. 이런 흐름을 계속 유지하기 위해 우리는 5주 전에 iPod Nano라는 신제품을 발표했습니다. 5주 전의 일입니다. 혹시 알고 계십니까? iPod Nano는 발매 17일 만인 2005년 9월 24일까지 이미 1,000,000대 판매를 돌파했습니다. 벌써 1,000,000대가 넘었습니다. 넘치는 주문 수요를 맞추기가 어려울 지경입니다.

"Act 2, the iPod."

We announced yesterday that we have shipped almost 30million iPods as of September 24th on a fiscal quarter and year ended last month. Almost 30million iPods.

And our market shares 75% of all MP3 players have been shipping. 75%. And we tried to keep it very healthy. 5 weeks ago, we introduced the 'iPod Nano' 5 weeks ago from today. And you know what? We've shipped over million iPod nanos in first 17 days for September 24th. Over million of them. And we could not meet demand.

제3자를 통해 보증을 받아라

3rd. Party Endorsement

프레젠테이션에서 자신의 전략과 아이디어, 자신의 제품이나 서비스를 돋보이게 만들기 위해 모든 프레젠터가 입이 닳도록 자기 것을 칭찬합니다. 대부분 자화자찬이지요. 하지만 어떤 세일즈에서는 자기 입으로 자기 것이 좋다고 말하는 것은 그다지 설득력 있어 보이지 못합니다. 물건을 파는 사람은 누구나 자기 제품이 좋다고 말합니다. 심지어는 세상의 어느 것보다도 자기 것이 훌륭하고 최고라고 이야기합니다. 하지만 누구도 내가 말하는 모든 것을 그대로 믿어 주지는 않습니다.

예를 들어 보겠습니다.

어느 회사가 자기들의 제품을 판매하기 위한 세일즈 프레젠테이션을 하고 있습니다. 우리 제품이 가지고 있는 여러 가지 기능과 장점, 사양 등에 대해 설명을 합니다. 하지만 이것만으로는 아직 세일즈 메시지가 되지 못합니다. 상대는 그 제품이 나에게 어떤 의미가 있는가를 생각하기 때문입니다. 그래서 우리 제품이나 서비스에 담겨 있는 이런 속성들이 상대에게 어떤 혜택을 가져다주는가를 분명히 알려 주어야 합니다. 하지만 이것으로도 여전히 부족합니다. 프레젠터가 이야기하는 그런 혜택이 실제로 일어날지 아닐지에 대해 여전히 의문이 남아 있기 때문입니다.

청중은 프레젠터의 이야기를 그대로 믿지 않습니다. 물건을 파는 사람은 누구나 제품의 효능에 대해 다소 과장을 하기 때문입니다. 그래서 상대는 계속해서 의심을 하게 됩니다. 뿐만 아니라, 실제로 그런 혜택이 있는지 없는지는 그 제품이나 서비스를 구매하여 사용해 본 이후에나 확실히 알 수 있습니다. 제품을 구입하여 사용해 봤더니 프레젠터의 말이 틀렸다면, 결국 돈을 주고 물건을 구입한 사람만 손해를 보게 됩니다. 그래서 상대는 구매결정을 앞두고 망설이는 것입니다. 의심 많은 상대에게 확신을 심어 주려면 그런 혜택이나 편익이 틀림없이 나타날 것이라는 증거를 보여 줄 필요가 있습니다.

스티브 잡스의 프레젠테이션은?

애플의 iPod Nano는 훌륭한 제품입니다. 잡스 정도의 프레젠테이션 스킬이라면 내 입으로 얼마든지 내 것을 돋보이게 만들 수 있을 것입니다. 하지만 잡스는 또 다른 방법을 이용해서 iPod Nano의 우수성을 입증해 보이고 있습니다.

"iPod Nano에 대한 평가로 모든 언론이 난리가 났습니다."

"기술과 디자인 관점에서 iPod Nano는 놀라운
제품이다."

- Larry Magid, CBS News -

"애플은 이미 iPod을 통해 큰 성공을 거두었다.
이제 Nano의 차례이다. Nano는 쇼의 새로운 스
타이다."

- Ed Baig, USA Today -

"시장에 나와 있는 어떤 플래시 플레이어도
iPod Nano의 콘셉트나 기능을 따라잡지 못할 것
이다."

- David Pogue, The New York Times -

"지난 며칠 동안 iPod Nano를 테스트했었다.
그리고 나는 Nano에 매료되어 버렸다."

- Walt Mossberg, The Wall Street Journal -

iPod Nano의 우수성을 입증하기 위해 잡스는 여러 언론의 보도자료를 소개합니다. 이른바 '제3자 보증 3rd. Party Endorsement'을 이용하는 것이지요. iPod Nano는 여러 가지 놀라운 기능을 담고 있는 경쟁력 있는 제품입니다. 그러나 프레젠테이션에서 이런 사실을 청중이 확신하게 만들려면 특별한 장치가 필요합니다. 이것은 4단계의 프로세스로 이루어져 있습니다.

제3자의 칭찬만이 효과를 발휘한다

그럼, 어떤 증거를 얼마나 보여 줘야 할까요? 세계적인 프레젠테이션 컨설팅 기관인 'Rogen International'은 다음과 같이 이야기합니다. 우선 증거의 종류를 생각해 보아야 합니다. 상대에게 나의 프레젠테이션 내용이 사실임을 믿게 만드는 적합한 종류의 증거가 필요합니다. 또 아무리 적합한 종류라 할지라도 그 양이 너무 적거나 많아도 문제가 생길 수 있습니다. 그래서 적당한 양만큼의 증거를 보여 주는 것도 중요합니다. 다시 말해, 적합한 종류의 증거를 적당한 양만큼 보여 주어야 한다는 것입니다. 이것이 입증입니다. 이를 요약해 보면 다음과 같습니다.

✎ 제품의 특징, 장점, 속성(Feature)
우리 제품이나 서비스, 제안 등이 가지고 있는 특징과 장점 등의 속성

🍃 편익, 혜택(Benefits)

그와 같은 특징이나 속성으로 인해 상대방이 얻을 수 있는 편익이나 혜택

🍃 증거(Evidences)

그런 편익이나 혜택을 분명히 얻을 수 있다는 것을 믿게 만드는 증거

🍃 입증(Proof)

적합한 종류의 증거를 적당한 양만큼 보여 줌으로써 입증해 보이는 것

다시 잡스의 프레젠테이션으로 돌아가보겠습니다. iPod Nano의 우수성을 입증해 보이기 위해 어떤 종류의 증거를 얼마만큼 보여 주는가를 유념해 보십시오. 잡스는 iPod Nano에 대한 언론의 평가를 증거로 사용하고 있습니다.

CBS News, USA Today, The New York Times, The Wall Street Journal 등과 같이 잡스가 인용한 매체 말고도 iPod Nano에 대한 기사는 무수히 많습니다. 어떤 기사는 위에 인용한 기사보다 더 극찬을 한 것도 있습니다.

하지만 잡스는 iPod Nano의 우수성을 청중에게 확신시키는 데 어떤 종류의 증거가 필요할 것인가를 고민했습니다. 그렇게 고민한 결과 그는 유력 매체가 다룬 기사 한 줄이 그렇지 못한 매체 수십 개의

기사보다 더 설득력이 있다고 판단했습니다. 그래서 가장 영향력 있는 매체를 선택했습니다. 즉 적합한 종류의 증거를 선택한 것입니다.

만약 그 중 어느 한두 개 매체의 리뷰만 언급을 했다면 어땠을까요? 아무리 적합한 종류의 증거라 할지라도 그 양이 적당하지 못하면 설득력은 떨어질 수밖에 없습니다. 물론 너무 많아도 곤란하겠지요. 그래서 잡스는 네 개의 주요 언론이 내린 평가를 증거로 채택했고, 그것을 프레젠테이션에 적절히 활용했습니다. 물론 결과는 대성공이었습니다.

보증을 통해 위기를 극복하라

마지막 부분을 좀 더 살펴보겠습니다.

미국은 물론 세계적으로도 커다란 영향력을 갖고 있는 유력 매체들이 앞다투어 iPod Nano의 성능에 대해 호의적인 평가를 내렸고, 잡스는 그것을 프레젠테이션에 적절히 활용하고 있습니다. 이것은 누가 봐도 만족할 만한 큰 성공입니다. 하지만 오늘 소개하려는 제품은 iPod Nano가 아닙니다. 그래서 잡스는 언론의 평가를 소개하고 이렇게 말을 이어갑니다.

◀ 애플의 새로운 Wide iPod

"

저희는 iPod Nano를 통해 거둔 모든 성과에 대해
매우 흡족해하고 있습니다.
그렇다면 넓은 화면의 Wide iPod은 어떨까요?
Wide iPod 말입니다.
우리는 iPod Nano를 통해 이미 거둘 수 있는 만큼 성공을 거뒀습니다.
그래서 이제 새것으로 바꿔야 할 시간이 됐습니다.

"

오늘의 애플을 만든 원동력은 역시 끝없는 도전정신입니다. 잡스의
모험심과 애플의 기술력이 만나 경쟁사들은 생각지도 못했던 빅 히트
상품을 만들어 냈던 것입니다. iPod Nano만 하더라도 출시된 지 불
과 5주밖에 안 되었지만 애플은 오늘 또 다른 후속모델을 시장에 진출
시킵니다. 이것이 애플의 정신입니다.

어쩌면 5주 만에 신제품이 나온다는 것은 생각하기에 따라 딜러나 소
비자의 원성을 살 수도 있는 일입니다. 위기일 수도 있습니다. 왜 한
꺼번에 제품을 내놓지 않고 5주 만에 새 버전을 출시하느냐고 말이죠.
잡스도 이 부분을 의식한 것 같습니다. 더구나 오늘 프레젠테이션의
청중은 대부분 애플의 딜러들입니다. 그래서 잡스는 이미 iPod Nano
가 출시된 지 17일 만에 백만 대 이상을 판매할 만큼 큰 성공을 거두
었으니 이제 더 좋아진 신제품으로 갈아탈 때가 되지 않았냐는 가벼
운 유머로 이 상황을 부드럽게 넘기고 있습니다. 이런 작은 부분 하나

에도 잡스의 프레젠테이션은 결코 소홀하지 않습니다.

내 입으로 내 자랑을 하는 것은 설득력이 없습니다. 나의 메시지를 믿고 상대에게 확신을 갖게 만들려면 내가 아닌 남, 즉 제3자의 보증을 활용하십시오. 물론 적합한 종류, 적당한 양은 필수적입니다.

Original Speech

오늘로부터 5주 전, 9월 24일이 되기도 전에 우리는 이미 17일 동안 100만 대 이상의 iPod Nano를 출하하였고, 그 이상의 수요는 충족하기 힘들었습니다.

5 weeks ago from today and you know what? We shipped over a million iPod Nanos in the first 17days before September 24th. Over a million of them, and we could not meet the demand.

또한 언론에서는 iPod Nano에 대한 평론들이 끊임없이 나오고 있습니다.

And the critical response for the iPod Nano has been through the roof.

"기술과 디자인 관점에서 iPod Nano는 놀라운 제품이다." – CBS News –

You know, here's the CBS news. "From an engineering and design standpoint, the Nano is truly a marvel."

"애플은 이미 iPod을 통해 큰 성공을 거두었다. 이제 Nano의 차례이다. Nano는 쇼의 새로운 스타이다." – USA Today –

Here's the USA Today, "Apple has scored a smash hit with the iPod. Now, with the Nano, there's a new star of the show."

"시장에 나와 있는 어떤 플래시 플레이어도 iPod Nano의 콘셉트나 기능을 따라잡지 못할 것이다."

　　　　　　　　　-The New York Times -

제가 제일 좋아하는 〈월 스트리트 저널〉의 워트모스버그 기자는 "지난 며칠 동안 iPod Nano를 테스트했었다. 그리고 나는 Nano 에 매료되어 버렸다."고 전했습니다.

저희는 Nano를 통해 거둔 모든 성과에 대해 매우 흡족해하고 있습니다. 그렇다면 넓은 화면의 Wide iPod은 어떨까요? Wide iPod 말입니다. 우리는 iPod Nano를 통해 이미 거둘 만큼 성공을 거뒀습니다. 그래서 이제 새것으로 바꿔야 할 시간이 됐습니다.

The New York Times, "No other flash player on the market offers anything close to the Nano's concept of capacity."

And one of my favorites, Walt Mossberg from the Wall Street Journal, "I have been testing a Nano for the past few days, and I am smitten."

So, we couldn't be happier with our critical success we've gotten from Nano. But, what about the wide iPod? What about the wide iPod? It's been a huge success for us. And therefore, it's time to replace it.

뉴스가 될 만한 것만 이야기하라
Tell the only News for Them

'뉴스'라는 것은 말 그대로 새로운 소식입니다. 프레젠테이션에서 뉴스만을 이야기한다는 것은 매우 중요한 항목입니다. 특히 하나의 프로젝트를 놓고 여러 회사가 겨루는 경쟁 프레젠테이션에서는 내용의 일정 부분은 대부분 비슷해질 수 있으므로 이런 점을 특히 더 고려해야 합니다.

청중은 자기가 아는 이야기를 듣기 위해 프레젠테이션 자리에 참석하는 것이 아닙니다. 그들은 새로운 소식을 듣기 원합니다. 자신이 생각지 못했던 것, 발견하지 못했던 것, 알지 못했던 것을 듣고 싶어 합니다. 즉 새로운 정보와 새로운 해석, 새로운 시각을 원하는 것입니다. 프레젠테이션이 뉴스만으로 가득하다면 그 프레젠테이션은 흥미로울 것입니다. 또 청중의 관심과 집중을 이끌어낼 수 있을 것입니다. 반대로 너도 알고, 나도 알고 있는 뻔한 이야기만 늘어놓는다면 점점 지루해지고, 청중은 프레젠테이션으로부터 점점 멀어질 것입니다.

스티브 잡스의 프레젠테이션은?

잡스의 프레젠테이션에서 이런 점이 어떻게 나타나는가를 보겠습니다.

66

오늘 우리는 새로운 Wide iPod을 출시합니다.
크리스마스 시즌을 앞두고 있는 시점에서
이것은 기쁜 일입니다.
새로운 Wide iPod.
네, 이것은 기쁜 일입니다.

99

제품을 소개하기 전에 먼저 이 제품이 출시되는 시기에 대한 뉴스를
전합니다. 미국에서 크리스마스는 일 년 중 선물 수요가 가장 많은 성
수기입니다. iPod과 같은 제품은 크리스마스 선물용으로 더할 나위
없는 좋은 아이템입니다. 이런 제품이 크리스마스 시즌을 앞두고 출

시된다는 것은 딜러들에게는 더없이 좋
은 뉴스일 것입니다. 그래서 잡스는 이
런 뉴스로 제품 소개를 시작합니다.

이제 새로운 iPod에 대한 몇 가지 뉴스
가 이어집니다.

↑ Wide iPod의 새로운 기능을 소개

66

iPod은 멋지고 넓은 스크린을 자랑합니다.

사진 앨범 작업을 하는데도 세계 최고의 수준입니다.

음질도 환상적입니다.

iPod을 이용해서 오디오 북을 재생할 수 있고,

Podcasts도 감상할 수 있습니다.

음악과 말에 관한 모든 것을 즐길 수 있습니다.

매우 환상적이지요.

사진구현에 있어서도

지금까지의 iPod 중 최고의 수준을 자랑하고,

이 넓고 고품질 액정으로

전과 비교할 수 없는 사진들을

감상할 수 있습니다.

이는 사진구현에 있어 비범한 수준입니다.

잠시 부가기능 부분으로 넘어가 보도록 하겠습니다.

여기 보시면, 한 번에 네 개 지역의 시간을 볼 수 있어

여러분이 원하는 지역의 시간을 맞출 수 있고

액정도 매우 큽니다. 놀랍지 않습니까?

달력도 이보다 더 좋을 수 없습니다.

게임도 그만입니다.

랩 타임을 측정할 수 있는 스톱워치를 내장하고 있고,
다이얼 잠금 장치를 통한 스크린 잠금 기능이 있어
다른 사람들이 여러분의 연락처나 일정표를
볼 수 없게 할 수 있습니다.
이처럼 많은 부가기능이 있습니다.

,,

멋지고 넓은 스크린, 사진 앨범 기능, 최고의 음질, 오디오 북 재생 기
능, Podcasts(애플이 제공하는 라디오, 오디오, 비디오 프로그램의 실시간 송출
프로그램) 감상, 네 개의 월드타임, 캘린더, 게임, 스톱워치, 스크린 잠
금 기능 등 새롭게 추가된 많은 기능에 대한 이야기가 소개됩니다. 청
중이 이미 알고 있는 iPod의 기능에 대한 이야기는 한마디도 하지 않
습니다.

다음은 비디오에 대한 사항입니다.

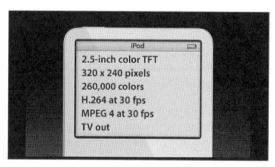

◀ 청중에게 새로운 이야기만
들려주어 집중도를 높인다

"

다음은 비디오입니다.

멋진 2.5인치 TFT 액정은

320×240픽셀과 260,000색의 선명도를 자랑합니다.

가장 중요한 것은 이것이 H.264 영상의

실시간 디코딩을 지원한다는 사실입니다.

이는 Quick Time 7에서 사용되는 영상 표준이며,

국제적인 표준으로 받아들여지고 있는 방식입니다.

이는 지구상에 현존하는 최고의 영상 압축 기술입니다.

그리고 iPod은 MPEG 4 영상도 디코딩할 수 있습니다.

더불어 TV-out 기능도 있어서

별도의 케이블만 구입하면

바로 TV로 영상을 볼 수 있습니다.

"

전보다 더 넓어진 2.5인치 TFT 액정, 320×240픽셀의 디스플레이, 260,000색의 선명도, H.264 실시간 디코딩, MPEG 4 디코딩, TV-out 기능, movie, Video Podcasts, Music video 등의 감상 기능에 대한 소개가 계속됩니다. 역시 이전에도 있었던 기능에 대한 이야기는 전혀 언급하지 않습니다. 청중에게 계속 새로운 이야기만 들려줍니다. 당연히 청중의 관심이 올라가고, 프레젠테이션에 대한 집중도 또한 높아집니다.

뉴스를 말하려면 먼저 청중을 분석하라

iPod에 대한 기사를 쓰기 위해 제품을 테스트해 보다가 iPod에 매료되고 말았다는 〈월 스트리트 저널〉의 월트 모스버그 기자의 말처럼 새로운 Wide iPod에는 이보다 훨씬 많은 기능이 탑재되어 있을 것입니다. 하지만 잡스는 그런 것들에 대해서는 언급하지 않습니다. 청중이 뉴스가 아닌 그런 이야기를 듣고 싶어 하지 않는다는 것을 알기 때문입니다.

실제 프레젠테이션에서 뉴스만을 이야기하려면 그들에게 어떤 것이 뉴스가 되고, 어떤 것이 뉴스가 되지 않는가를 알고 있어야 합니다. 프레젠테이션 준비 단계에서 청중 분석을 통해 그들이 알고 있는 것과 모르고 있는 것을 파악해야 합니다.

모든 프레젠테이션 준비과정 중에서 청중의 분석은 가장 먼저 해야 할 일임과 동시에 가장 중요한 일임을 기억하십시오. 청중에 대한 파악이 제대로 되어 있어야 프레젠테이션의 나머지 부분이 제 길을 찾게 됩니다. 청중을 모르면 프레젠테이션은 어둠 속을 헤매게 됩니다.

그렇다면 가장 나쁜 프레젠테이션은 어떤 프레젠테이션일까요?
저는 처음 보는 사람 앞에서 하는 프레젠테이션이 가장 나쁜 프레젠테이션이 아닐까 생각합니다. 청중에 대해 아는 것이라곤 그 회사의 직원이라는 것밖에 없는 경우가 있습니다. 특히 새로이 거래를 트기 위해 실시되는 프레젠테이션이나 경쟁으로 이루어지는 프레젠테이션은 대부분 처음 보는 사람을 앞에 놓고 하게 됩니다. 이런 상황에서 좋은 프레젠테이션을 할 수 있을까요? 상대에 대해 아는 것이 없는데 그들을 효과적으로 설득할 수 있을까요?

청중을 분석한다는 것은, 그들에게 뉴스만을 이야기할 수 있도록 그들이 무엇을 알고 있고 무엇을 모르고 있는가를 파악하는 것입니다. 그들에게 흥미 있는 것과 흥미 없는 것이 무엇인지 아는 것입니다. 그들 중에 누가 중요한 사람이고, 또 누가 덜 중요한지를 구분하는 것입니다. 물론 이런 작업은 그 사람에 대한 정보에 접근할 수 있어야 가능할 것입니다. 하지만 그 사람들을 내가 모두 아는 것도 아니고, 그런 정보에 접근하는 것 역시 어려울 수 있습니다. 하지만 네트워크를 활용하면 좋은 결과를 얻을 수 있습니다.

세상의 모든 사람은 6단계를 거치면 연결이 된다는 '케빈 베이컨의 6단계 법칙Six Degrees of Kevin Bacon'이 있습니다. 내가 파악하고 싶은 사람도 이런 네트워크를 활용하면 접근이 가능합니다. 회사 내에서 직원들이 갖고 있는 명함을 모두 모으고, 그 사람과 어떻게 연관되는지를 기재하여 데이터베이스를 만드는 'Name Cards Pool'도 유용한 방법이 될 수 있습니다.

뉴스를 통해 청중에게 관심을 끌고 싶다면 그들에게 무엇이 뉴스가 될지를 미리 파악해 두십시오. 모두가 알고 있는 뻔한 이야기를 늘어놓으면서 날짜 지난 신문같이 맥 빠지는 프레젠테이션을 하지 않도록 주의하십시오.

Original Speech

오늘 우리는 새로운 Wide iPod을 출시합니다. 크리스마스 시즌을 앞두고 있는 시점에서 이것은 기쁜 일입니다. 새로운 Wide iPod. 네, 이것은 흥분되는 일입니다.

Wide iPod은 정말 아름답고 얇습니다. 지금부터 여러분께 그 중 몇 가지에 대해 말씀드리고자 합니다.

첫 번째, 우리에게 있어 제일 중요한 것은 음악입니다. 이는 우리가 만들어 온 뮤직 플레이어 중에서 최고입니다.

iPod은 멋지고 넓은 스크린을 자랑합니다. 사진 앨범 작업을 하는데도 세계 최고 수준입니다.

음질도 환상적입니다. iPod을 이용해서 오디오 북을 재생할 수 있고, Podcasts도 감상할 수 있습니다. 음악과 말에 관한 모든 것을 즐길 수 있습니다. 매우 환상적이지요.

사진구현에 있어서도 이는 지금까지의 iPod 중 최고의 수준을 자랑하고, 이 넓고 고품질 액정으로 전과 비교할 수 없는 사진들을 감상할 수 있습니다. 이는 사진구현에 있어 비범한 수준입니다.

Today, we're announcing the new wide iPod. As we're heading to a holiday season, it's stunning. The new wide iPod. Yes, it does stunning.

It is really beautiful and thin. And I wanna take you through the few things as it does.

Number one, first and foremost on our list is music. It is the best music player we've ever made.

It's got a gorgeous, large screen and it's the best thing in the world for album work.

The sonic quality is fantastic on it. You can play audio books on it and you can also play Podcasts on it. Everything you do is music and spoken word. It's fantastic.

For photos, it's the best iPod we've made and this giant, high quality screen let you see more of your library than ever before.
And the photos just look gorgeous on it. It's a phenomenon for photos.

잠시 부가기능 부분으로 넘어가 보도록 하겠습니다. 여기 보시면, 한 번에 네 개 지역의 시간을 볼 수 있어 여러분이 원하는 지역의 시간을 맞출 수 있고, 액정도 매우 큽니다. 놀랍지 않습니까?

달력도 이보다 더 좋을 수 없습니다. 게임도 그만입니다. 랩 타임을 측정할 수 있는 스톱워치를 내장하고 있고, 다이얼 잠금 장치를 통한 스크린 잠금 기능이 있어 다른 사람들이 여러분의 연락처나 일정표를 볼 수 없게 할 수 있습니다. 이처럼 많은 부가기능이 있습니다.

다음은 비디오입니다. 멋진 2.5인치 TFT액정은 320×240픽셀과 260,000색의 선명도를 자랑합니다. 가장 중요한 것은 이것이 H.264 영상의 실시간 디코딩을 지원한다는 사실입니다. 이는 Quick Time 7에서 사용되는 영상 표준이며, 국제적인 표준으로 받아들여지고 있는 방식입니다.

이는 지구상에 현존하는 최고의 영상 압축기술입니다. 그리고 iPod은 MPEG 4 영상도 디코딩할 수 있습니다.

Let me jump to Extras for a minute. You can see up to 4 clocks at once, so you can set up for your favorite times on, and screen's so large. It's fantastic.

Calendars never look better. Games never look better. We've built in stopwatch with its lap timer and we've built in the screen locks so you can lock your screen with your combo locks, so nobody can see your contacts and calendars if you want. So a lot of stuff in Extras.

And now, video.

We have a beautiful two and a half inch TFT display, 320x240 pixels so it has very high density, 260,000 colors that colors are fantastic on it.

And most importantly, we support real time decoding of H.264 video. This is the video standard used in Quick time 7, and it's adopted as an international standard.

It is the best video compression technology on the planet.

And the iPod decodes it wonderfully as well as MPEG 4.

더불어 TV-out 기능도 있어서 별도의 케이블만 구입하면 바로 TV로 영상을 볼 수 있습니다.

또한 iPod은 iMovie, Video Podcasts, Music video 등은 물론 iPod에 들어 있는 어떤 영상이든지 매우 뛰어난 화질로 감상할 수 있습니다. 대단하지 않습니까?

And we have TV out, so if you wanna buy an optional cable, you can output right up to your TV.

And the video quality is just amazing for watching iMovie, for watching video Podcasts, for watching music videos, for watching anything that you've got on your iPod. It's pretty amazing.

한 장의 그림이 천 마디 말을 대신한다

A picture paints a thousand words

70 ~80년대에 미국을 무대로 활동하던 브래드Bread란 그룹
이 있습니다. 'If'라는 대표곡으로 잘 알려진 그룹입니
다. 그 노래의 가사 중에 이런 구절이 있습니다.

"If a picture paints a thousand words then why can't paint you?
The words will never show the you I've come to know."

"그림 한 장이 천 마디 말을 대신한다는데
왜 저는 당신 모습을 그릴 수 없는 걸까요?
말로는 내가 알고 있는 당신을 제대로 보여 줄 수 없어요."

그렇습니다. 한 장의 그림은 백 마디, 아니 천 마디의 말보다 더 큰 전
달력을 갖습니다. 특히 프레젠테이션에서는 더욱 그렇습니다. 그래서
가급적 시각화된 메시지를 구성하여 전달해야 합니다.

그림은 하나도 없이 텍스트만 가득 찬 슬라이드. 이런 슬라이드를

'Text Heavy Slide' 라고 부릅니다. 이것보다 나쁜 슬라이드는 없습니다. 지금까지 살펴본 잡스의 슬라이드를 보면 잘 알 수 있습니다.

Text Heavy Slide는 말 그대로 텍스트만으로 만들어진 슬라이드입니다. 이런 슬라이드의 가장 큰 장점은 만들기가 쉽다는 것입니다. 그 외에는 아무런 장점이 없습니다. 프레젠테이션을 준비하는 내게는 더 없이 쉽고 편한 방법이지만, 청중에게는 한없이 지루하고 어려운 슬라이드가 됩니다. 소설책보다 만화책이 읽기 쉬운 이유는 그것이 텍스트가 아닌 비주얼을 담고 있기 때문입니다. 그래서 빨리 보고 쉽게 볼 수 있는 것입니다. 프레젠테이션도 마찬가지입니다. 나의 슬라이드를 청중이 빨리 보고 쉽게 볼 수 있게 하려면 텍스트만으로는 안 됩니다.

스티브 잡스의 프레젠테이션은?

잡스는 이제 새로운 iPod에 대해 설명하려고 합니다. 핵심은 새로운 모델이 예전 모델과 비교하여 무엇이 얼마나 좋아졌는가를 보여 주는 것입니다. 잡스의 프레젠테이션으로 들어가 봅니다.

66

우리는 30GB와 60GB 두 가지 모델을 선보입니다.
이것들이 오늘 새로운 것으로 대체하려고 하는

종전의 20GB 모델과 외관상으로 어떤 차이가 있을까요?

지금부터 그 차이를 보여 드리죠.

아마 모두 깜짝 놀라실 겁니다.

"

위 사진처럼 스크린의 가운데에는 기존의 20GB iPod이 보이고 그
양 옆으로 새로운 30GB 모델과 60GB iPod이 보입니다. 그러나 아
직 이 사진만으로는 별 차이를 느끼지 못할 것입니다. 잡스의 프레젠
테이션이 이어집니다.

"

지금까지는 20GB iPod이 우리가 가진

가장 얇은 Wide iPod이었습니다.

이를 대체할 새로운 30GB 모델은

예전의 20GB보다 저장 용량은 50%가 늘었지만

두께는 31% 더 얇아졌습니다.

"

분명 무언가 개선되고 좋아진 것 같은데 말로만 들어서는 잘 감이 잡히지 않습니다. 그래서 잡스는 전달력과 이해력을 높이는 방법을 구상합니다. 즉 쉽게 보고 쉽게 이해할 수 있는 메시지를 눈으로 볼 수 있게 만들어 주는 것입니다. 바로 이렇게 말입니다.

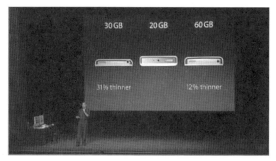

← 한눈에 비교하고 인지하도록
만드는 비주얼 효과

잡스는 이 부분에서 31% 더 얇아졌다는 것을 말이 아니라 그림을 통해 보여 줍니다. 귀에다 이야기하는 것이 아니라 눈에다 이야기합니다. 한눈에 얼마나 얇아졌는가를 확인할 수 있습니다. 굳이 31%라는 수치를 기억하지 않더라도 이미 모든 청중은 새로운 iPod이 예전보다 훨씬 얇아졌다는 사실을 충분히 인지하고 이해했습니다. 프레젠터의 목적이 100% 달성된 것이지요.

이어지는 60GB 모델에서도 마찬가지 기법을 사용합니다.

눈으로 사진을 찍게 만들어 주어라

이런 프레젠테이션을 가상해 봅시다.

"기존 20GB 모델의 두께는 1.54cm이었습니다.
하지만 새로 나온 30GB 모델은 1.09cm밖에 안 됩니다.
계산해 보면 약 31%나 더 얇아졌습니다."

이런 이야기가 청중의 귀에 쏙쏙 들어갈 수 있을까요? 이야기를 들으면서 무엇이 어떻게 달라졌다는 것인지 알 수 있을까요? 이처럼 눈으로 보여 주지 않으면 빠르고 정확하게 이해시킬 수 없습니다.

차이를 보여 주고 싶다면 눈으로 확인할 수 있도록 만들어 주십시오. 우리 제품이 얼마나 좋은지 알려 주고 싶다면 눈으로 확인할 수 있도록 해 주십시오. 슬라이드를 보고 그것을 청중의 눈이라는 카메라를 통해 사진을 찍게 만들어 주십시오. 그렇게 찍은 사진 이미지가 별도의 해석 과정 없이 바로 뇌로 전달되어 입력되도록 만들어 주십시오. 하지만 텍스트만으로는 이런 것을 기대할 수 없습니다.

프레젠테이션에서 시각적인 요소로 바꿀 수 있는 텍스트는 모두 다 바꿔 보십시오. 텍스트 대신 동영상, 이미지, 사진, 클립아트, 차트, 도형 등을 사용해 보십시오. 이렇게 하면 나의 청중은 복잡한 슬라이드 내용을 골치 아프게 해석할 필요가 없어집니다. 그저 슬라이드에 나타나는 장면들을 눈을 통해 사진을 찍어 두면 됩니다. 그러면 프레젠테이션이 편안해지고, 이해도 잘 되고, 무엇보다 그 내용이 기억속에 오래 남게 됩니다. 이것이 바로 우리가 원하는 것이 아니었던가요?

자, 이제 정리해 보겠습니다.

음악, 오디오 북, 사진, Podcasts, 음성정보와 비디오, home movie, music video, 그 밖의 많은 것들을 놀라운 iPod으로 감상할 수 있습니다.

게다가 iPod이 하나가 아니라 두 개입니다. 우리는 30GB와 60GB 두 가지 모델을 선보입니다.

이것들은 오늘 새로운 것으로 대체하려고 하는 종전의 20GB 모델과 외관상으로 어떤 차이가 있을까요? 지금부터 그 차이를 보여드리죠. 아마 모두 깜짝 놀라실 겁니다.

지금까지는 20GB iPod이 우리가 가진 가장 얇은 Wide iPod이었습니다. 이를 대체할 새로운 30GB 모델은 예전의 20GB보다 저장 용량은 50%가 늘었지만 두께는 31% 더 얇아졌습니다.

듀얼 플래터로 되어 있는 60GB 모델 역시 실질적으로 종전의 20GB 모델보다 12%나 얇습니다. 결과적으로 이 두 새로운 iPod들은 정말 얇습니다.

놀랍기 그지없죠. 더불어 저희는 소비자의 요구에 따라 검정색 모델도 만들었습니다.

So, let's recap.

Music, audio books, photos, Podcasts, both spoken word and video, home movies, music videos and a whole lot more. It's amazing iPod.

But it's not just one iPod, it's two. Because we've got a 30GB and a 60GB models of this.

Now, how do these compare physically to the predecessor, the 20GB iPod that we're replacing today. Well, let me show you, this will blow your mind.

The 20GB iPod was the thinnest wide iPod we've had. With 30GB, 50% more storage is 31% thinner than the 20GB replacing.

The 60GB dual platter is actually thinner than the 20GB as well, it's 12% thinner. So these new iPods are really thin.

They're pretty amazing, and by popular demand, we're making a black one.

청중의 신발을 신고 보라

From the Customer's View

모든 마케팅에서는 생산자나 판매자가 아닌 소비자의 시각으로 봐야 한다고 말합니다. 마찬가지로 모든 프레젠테이션에서도 프레젠터가 아니라 청중의 시각에서 프레젠테이션을 봐야 합니다. 그러나 여전히 마케팅은 판매자 중심으로 움직이고 프레젠테이션 역시 프레젠터 중심으로 흘러가고 있습니다. 이런 걸 보면 입장 바꿔 생각한다는 것이 말처럼 쉽지는 않은가 봅니다.

프레젠테이션이 청중의 시각에서 이루어지려면 준비 단계에서부터 신발을 바꿔 신어야 합니다. 프레젠터인 나의 신발을 벗어 버리고 청중의 신발을 신고 프레젠테이션을 준비해야 합니다. 프레젠테이션을 구상하는 첫 단계는 물론, 슬라이드를 준비하는 과정 내내 이것을 놓쳐서는 안 됩니다. 나를 위한 프레젠테이션이 아니라 청중을 위한 프레젠테이션이 되려면 당연히 그렇게 해야 합니다.

잡스의 프레젠테이션은 어떤 식으로 청중을 배려하는가를 알아보겠습니다.

스티브 잡스의 프레젠테이션은?

휴대용 멀티미디어 플레이어의 사용이 늘면서 음악뿐 아니라 사진이나 동영상을 저장하고 재생하는 일이 많아졌습니다. 예전에는 음악만 재생할 수 있는 MP3 플레이어면 충분했지만 지금은 그렇지 않습니다. 예전에는 그저 수십 곡의 음악만 저장해도 충분했지만, 이제 소비자는 그보다 훨씬 많은 것을 기대하고 요구합니다. 잡스도 이 사실을 잘 알고 있습니다. 그리고 프레젠테이션에서도 이런 점들을 적절히 활용합니다. 이제 iPod에 얼마만한 데이터를 저장할 수 있는가를 설명합니다.

이 제품의 하드디스크 용량은 무려 30GB나 됩니다. 예전의 MP3 플레이어들이 256MB, 512MB 정도였던 것에 비하면 어마어마한 용량입니다. 하지만 대부분의 소비자들은 이 정도의 저장 용량이면 얼마나 많은 노래와 사진, 동영상을 저장할 수 있는지 잘 계산이 되지 않습니다. 그래서 잡스는 이런 것들을 친절하게 설명해 줍니다.

◄ 소비자에게 의미하는 바를 말해 준다

> 66
>
> 30GB 모델에는 7,500곡의 음악과
> 25,000장의 사진 혹은
> 최대 75시간 분량의 동영상을
> 저장할 수 있습니다.
>
> 99

즉 소비자의 입장에서 이것을 가지고 무엇을 할 수 있으며, 우리 제품의 사양이 소비자에게 의미하는 것이 무엇인가를 말하는 것이지요. 이것이 소비자의 시각에서 진행하는 프레젠테이션입니다. 흔히들 우리 제품에 대한 데이터들이 모든 것을 말해 줄 것이라고 생각합니다. 하지만 중요한 것은 스토리입니다. 그런 데이터가 청중에게 의미하는 바가 무엇인가를 명확히 짚어 주지 않는다면 데이터는 그저 데이터일 뿐입니다.

이렇게 청중의 관심을 끌고 난 직후 제품의 가격에 대해 언급합니다. 그 당시 애플의 경쟁품이라 볼 수 있던 MP3 플레이어의 가격은 고급형을 기준으로 대략 250~300달러 정도였습니다. 물론 iPod은 이들과 견줄 수 없을 만큼 디자인과 성능이 뛰어납니다. 청중은 당연히 높은 가격을 예상하고 있을 겁니다. 하지만 이런 사양의 제품이 299달러라는 잡스의 발표에 환호성을 지르며 열광합니다. 이것이 미국 내에서 75% 이상의 시장 점유율을 갖게 된 애플의 경쟁력입니다.

강조할 것과 약화시킬 것을 구분하라

이 부분의 발표를 들으며 제가 놀랐던 것이 하나 더 있습니다. 문장의 중요한 부분과 덜 중요한 부분, 강조하고 싶은 것과 내세우고 싶지 않은 단어나 어휘를 이야기하는 테크닉입니다.

사실 위 슬라이드에서 예시한 저장 용량들은 모두 동시에 가능한 것이 아니라 음악으로 치면 7,500곡, 사진으로 치면 1.2메가 픽셀을 기준으로 25,000장, 동영상을 기준으로 하면 75시간 분량이라는 말입니다. 그런데 얼핏 들으면 7,500곡의 음악과 25,000장의 사진, 75시간 분량의 동영상을 동시에 저장할 수 있다는 것처럼 들립니다.

잡스의 동영상에서 특히 이 부분의 스피치를 주의 깊게 들어 보십시오.

"30 GB bytes hold 7,500 songs,
25,000 photos or up to 75hours of video."

분명히 사진과 비디오의 용량을 이야기하는 중간에 '또는'이라는 의미의 'or'이라는 단어가 들어 있습니다. 하지만 주의 깊게 듣지 않으면 잘 들리지 않을 정도로 빠르고 작게 말합니다. 이런 식으로 말하는 이유가 무엇인지는 여러분도 이미 파악하셨을 겁니다. 잡스의 프레젠테이션 스킬로 미루어 짐작하건대, 분명 의도된 스피치입니다. 즉 'or'이라는 말을 별로 하고 싶지 않았던 것입니다. 7,500곡의 음악, 25,000장의 사진, 75시간 분량의 동영상을 동시에 저장할 수 있는 것처럼 들리게 말하고 싶었을 것입니다. 이처럼 잡스의 프레젠테이션은 아주 작고, 세밀한 곳까지 치밀하게 계산되어 있습니다.

지금까지 우리는 잡스의 프레젠테이션을 보면서 '참, 프레젠테이션 잘하네.'라는 정도로 생각하고 말았지만, 이런 프레젠테이션을 하기까지 정작 그가 얼마나 많은 노력과 준비를 했는지 이제는 이해하실 수 있을 겁니다.

이런 식으로 60GB 모델에 대한 사양과 가격이 발표됩니다. 그리고 언제나 한 파트의 설명이 끝날 무렵이면 지금까지 이야기한 내용을 요약해 주듯이 새로운 iPod의 기능과 장점에 대해 정리해 줍니다. 사이즈는 더 얇아지고, 저장 용량은 더 커지고, 음악, 사진, 동영상을 모두 재생할 수 있다는 이야기를 들려줍니다. 특히 더 얇고 더 커졌다는 부분은 슬라이드를 통해 다시 한번 강조합니다.

◀ 크리스마스 시즌을 겨냥한
다양한 제품 라인업

다음에 iPod의 휴대용 케이스와 포장 패키지가 제시되고, 크리스마스 시즌을 겨냥한 제품 라인업이 한눈에 보입니다. 청중의 대다수가 애플의 딜러임을 감안하여, 이번 시즌에 이렇게 많은 모델로 어떤 수요라도 충족시킬 수 있다는 것을 다시 한번 강조합니다.

잡스는 항상 프레젠테이션에서 청중을 먼저 생각합니다. 그들을 위해 무엇을 말해야 하고, 어떻게 말해야 할지를 잘 알고 있습니다. 또 무엇을 보여 주어야 하고, 어떻게 보여 주어야 하는지를 잘 알고 있습니다. 뿐만 아니라, 어디를 강조하고 어디를 약화시켜야 하는지까지 계산하고 준비합니다. 이처럼 철저하게 청중의 신발을 신고 프레젠테이션을 준비하고 전달합니다. 이것이 잡스의 프레젠테이션이 갖고 있는 또 다른 경쟁무기입니다.

매번 프레젠테이션을 준비할 때마다 이것이 청중에게 어떤 의미가 있는가를 생각하십시오. '그래서 어쨌다는 것인지'를 이야기하십시오. 이런 질문을 매 슬라이드마다, 매 챕터마다 반복하여 물어보십시오. 그리고 청중에게 별 필요가 없거나 의미가 없다고 생각되는 것들을 과감하게 삭제하십시오. 이런 작업만으로도 나의 프레젠테이션은 청중의 입장에서 충분히 들을 만한 가치 있는 것이 됩니다.

Original Speech

흰색과 검정색의 새 iPod은 처음부터 다시 설계되었습니다.

White and black one, the new iPod designed from ground up.

30GB 모델에는 7,500곡의 음악과 25,000장의 사진, 혹은 최대 75시간 분량의 동영상을 저장할 수 있습니다. 그렇다면 이것을 얼마에 팔아야 할까요? 299달러입니다.

30 GB bytes hold 7500 songs, 25,000 photos or up to 75 hours of video. And what's gonna sell for? 299.

15,000곡의 음악과 25,000장의 사진 또는 최대 150시간 분량의 동영상을 담을 수 있는 60GB 모델의 가격은 399달러입니다.

The 60 GB model, 15,000 songs, 25,000 photos or up to 150hours of video and it's gonna sell for just $399.

스티브 잡스의 프레젠테이션

멀티미디어를 정복하라

Using multi media

몆 해 전, 어느 해양동물보호단체에서 실시하는 돌고래의 멸종 위기에 관한 세미나에 참석한 적이 있습니다. 프레젠테이션 룸 안에는 이미 많은 사람들이 모여 있었습니다. 그들은 커피를 마시며 삼삼오오 짝을 지어 잡담을 나누고 있었습니다. 그런데 갑자기 실내조명이 서서히 어두워지기 시작하더니, 어디에선가 커다란 파도소리가 들려왔습니다. 그리고 파도를 가르며 유영하고 있는 돌고래들의 소리가 들려옵니다. 애타게 울부짖는 듯한 돌고래의 울음소리가 들려옵니다. 곧이어 스크린에는 오늘의 프레젠테이션 주제와 관련 있는 타이틀 슬라이드가 나타납니다. 그러자 사람들은 스크린에 시선을 고정시키고 주목하기 시작합니다. 커다란 기대감으로 자리에 앉아 프레젠테이션의 시작을 기다립니다.

↑ 돌고래 멸종 위기에 대한 프레젠테이션을
알리는 오프닝

이것은 청중으로부터 이 프레젠테이션에 주목하게 만들어 그들의 주의를 집중시키고, 그들에게 강한 첫인상과 기대감을 불러일으킬 수 있는 좋은 방법 중의 하나입니다.

다음 프레젠테이션에는 이런 방법을 생각해 보십시오. 스크린에 슬라이드를 보여 주는 것만으로는 이런 효과를 기대하기 어렵습니다. 그렇기 때문에 오디오를 사용하는 것입니다.

요즘 웬만한 프레젠테이션에는 예외 없이 멀티미디어를 이용한 자료들이 등장합니다. 특히 오디오 자료나 동영상 같은 비디오 자료는 프레젠테이션에서 다양한 용도로 활용될 수 있습니다. 마이크로소프트의 파워포인트나 애플의 키노트와 같은 프레젠테이션 전문 소프트웨어들도 최근 개정판을 내놓으면서 멀티미디어를 지원하는 기능을 크게 강화시켜 가는 추세입니다.

스티브 잡스의 프레젠테이션은?

잡스도 당연히 멀티미디어를 활용합니다.

이제 제2막 iPod의 소개가 거의 마무리되어 갑니다. 시간적으로도 전체 프레젠테이션의 절반을 조금 넘는 시점에 와 있습니다.

잡스 정도의 스킬이라면 청중 중의 어느 누구도 지루해하거나 재미없다고 느끼지는 않을 테지만, 프레젠테이션이 시작된지 30분이 넘었으니 어떤 청중은 지루해할지도 모릅니다. 잡스는 이 시점에서 분위기를 환기시키기 위해 멀티미디어를 사용합니다.

"

사람들에게 이것들을 알리기 위해서
우리는 새로운 광고를 만들었습니다.
지금부터 여러분들께
그것을 보여 드리고자 합니다.

"

실내는 서서히 암전이 되고 마치 극장과 같은 분위기가 연출됩니다. 스크린에는 미국인들이 가장 좋아하는 가수 중의 하나인 그룹 'U2'의 리드보컬 보노Bono가 자신들의 히트곡인 'Original of the Species'이라는 노래를 부르는 장면이 펼쳐집니다.

카메라가 줌 아웃 되면서 서서히 스크린 속의 가수가 iPod 속에서 보이기 시작합니다. '이제 음악을 눈으로 보세요Watch your music.'라는 캠페인 슬로건과 함께 iPod의 로고로 마무리되는 광고입니다.

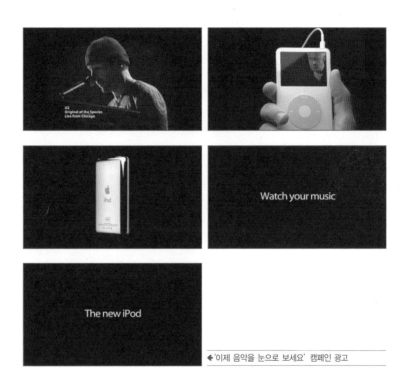

← '이제 음악을 눈으로 보세요' 캠페인 광고

객석의 반응은 가히 폭발적입니다. 뿐만 아니라 이 한 편의 동영 상을 보는 동안 모두가 다시 리프레시된 느낌입니다. 남은 프레젠 테이션도 집중해서 열심히 들을 수 있는 에너지를 충전 받은 것입 니다.

이어서 잡스가 특별히 애착을 갖고 만든 두 번째 광고가 소개됩니다. 등장인물이 실루엣으로 처리되는 새로운 표현방식의 광고입니다. 그 의 표현을 빌리자면 잡스는 이 작품을 만들기 위해 오랫동안 연구하고 실험해 온 것 같습니다.

"

자, 이제 우리는 훌륭한 iPod 광고를 갖게 되었습니다.
또한 이런 광고를 실루엣 스타일로 만들고 싶었습니다.
그래서 지난 2년 반 동안
이것을 위해 꿈꾸고 일해 왔습니다.
그리고 결국 성공했습니다.
저희는 이 결과를 매우 자랑스럽게 생각합니다.
이 광고는 실루엣 광고의 수준을
한 단계 더 높은 곳으로
끌어올리게 될 것입니다.
오늘 이 자리에서 여러분들께
그것을 초연해 드리고 싶습니다.
새로운 실루엣 광고입니다.
함께 보시죠.

"

이 광고에는 미국 최고의 힙합 밴드인 에미넴Eminem이 등장합니다. 젊은 소비층을 겨냥해서 만든 광고처럼 보입니다. 신나는 랩과 함께 에미넴의 모습이 모두 실루엣으로 처리되고, 그들이 들고 있는 iPod의 모습이 대비되어 나타납니다.

그리고 마지막으로 옥외광고, 버스광고, 빌보드 등의 다양한 프로모
션 아이템들을 소개하는 것으로 이 섹션을 마무리 짓고 있습니다.
여기까지가 오늘 프레젠테이션의 제2막인 iPod입니다.

멀티미디어의 장점을 이용하라

멀티미디어 프레젠테이션은 이제 대세입니다. 그만큼 효과가 있다는 것을 모두가 실감하기 때문입니다. 멀티미디어는 멀티 레벨의 감동과 멀티 레벨의 효과를 가져다줍니다. 무엇보다 자칫 지루해지기 쉬운 비즈니스 프레젠테이션에서 감초와 같은 역할을 하는 청량제로도 사용할 수 있습니다.

그렇다면 멀티미디어의 장점은 무엇일까요?
먼저 오디오를 보겠습니다. 오디오 파일은 물론 귀로 듣는 것입니다. 하지만 눈으로 보는 것 이상의 효과를 갖는 경우도 있습니다. 음악, 인터뷰, 현장의 소리와 같은 오디오 자료들은 청중의 무한한 상상력을 자극할 수 있는 좋은 미디어입니다. 그들이 가지 못하는 곳까지 그들을 데려다줍니다. 특히 프레젠테이션 주제와 잘 어울리는 음악이나 유통 현장, 생산 현장, 소비 현장에서 이야기되는 그들의 목소리를 직접 들려주는 오디오 인터뷰는 언제나 높은 관심과 효과를 가져다줍니다.

오디오는 사람의 감성을 자극하는 데 효과적입니다. 나의 프레젠테이션에 오디오를 삽입하는 것을 생각해 보십시오. 특히 프레젠테이션의 오프닝과 클로징, 그리고 하이라이트 부분에 오디오를 가미하는 방법을 연구해 보십시오. 그 오디오 덕분에 사람들은 무한한 상상을 하게 될 것입니다. 또 보이지 않는 것을 보게 될 것입니다.

비디오 자료는 청중의 시각과 청각을 동시에 자극하여 커다란 임팩트를 만들어 냅니다. 말로는 설명하기 어려운 부분을 프레젠터를 대신해서 알기 쉽게 설명해 주기도 합니다. 프레젠테이션 주제와 관련 있는 영상 자료나 별도로 제작한 동영상, 현장의 모습을 담은 비디오, 고

객이나 직원들의 반응을 담은 인터뷰 영상자료 등은 언제나 그것을 제작하고 준비하는 데 들인 노력과 시간 이상의 보상을 가져다줍니다.

사람에게도 첫인상과 마지막 인상이 중요하듯, 프레젠테이션에서도 처음과 끝은 특히 중요합니다. 프레젠테이션 슬라이드의 첫인상은 바로 오프닝 섹션입니다. 하지만 대부분의 프레젠테이션에서 이처럼 중요한 오프닝이 지나치게 소홀하게 다뤄집니다. 오디오나 비디오 등의 멀티미디어 자료로 프레젠테이션을 시작하는 오프닝 기법을 생각해 보십시오. 혹은 프레젠테이션의 맨 마지막 부분인 클로징 타임에 멀티미디어를 사용해 보십시오. 한번 이 멀티미디어 효과를 경험하면 다음부터는 이런 멀티미디어의 도움 없이 프레젠테이션을 하는 것이 어려워질 것입니다.

Original Speech

저희는 사람들에게 이것들을 알리기 위해서 새로운 광고를 만들었습니다. 지금부터 여러분들께 그것을 보여 드리고자 합니다.

Now, to tell people about these, we've made a new ad. And if you like to, we'd love to show it to you now. Yeah?

좋습니다. 자, 우선 첫 번째 광고부터 보도록 할까요?

Alright, let's go ahead and run the first ad.

(광고 시연)

(Advertising Clip)

자, 이제 우리는 훌륭한 iPod 광고를 갖게 되었습니다. 또한 이런 광고를 실루엣 스타일로 만들고 싶었습니다. 그래서 지난 2년 반 동안 이것을 위해 꿈꾸고 일해 왔습니다. 그리고 결국 성공했습니다. 저희는 이 결과를 매우 자랑스럽게 생각합니다.

Alright. Well, we got a great ad for the new iPod. And we've been known to this silhouette ad too. We've been working out on one for the last 2 and half years that we always dreamed of doing. And finally we've been able to do it. We're really proud of it.

이 광고는 실루엣 광고의 수준을 한 단계 더 높은 곳으로 끌어올리게 될 것입니다. 오늘 이 자리에서 여러분들께 그것을 초연해 드리고 싶습니다. 새로운 실루엣 광고입니다. 함께 보시죠.

It takes us silhouette campaign up to a whole new level, and I'd love to premiere it for you here today. So our new silhouette. Let's go ahead and run.

단점을 장점으로 바꾸는 방법

Converting demerit to merit

모든 제품, 모든 회사가 장점만 가지고 있는 것은 아닙니다. 우리에게도 약점이나 단점이 있을 수 있습니다. 때로는 이런 문제가 우리 책임이 아닌 경우도 있습니다. 상황이 어쩔 수 없어 그렇게 된 경우도 고객사나 소비자의 비난을 감수하고 뭔가 결단을 내려야 할 때도 있습니다.

예를 들면, 정부의 규제에 따른 새로운 의무규정을 맞추기 위해 사양을 추가하다 보니 가격이 상승되었다던가, 아니면 성능과는 크게 상관없지만 사용자의 안전을 위한 장치를 추가하다 보니 경쟁사보다 납기가 늦어지는 경우가 종종 있습니다. 이유야 어쨌든 우리에게는 단점이 될 수 있는 사항들입니다. 이런 경우, 우리의 단점을 약화시키거나 장점으로 보이게 만들 수 있는 방법이 있다면 얼마나 큰 도움이 될까요?

이러한 상황에서 가장 중요한 것은 솔직하게 말하는 것입니다. 어떠한 경우에도 잘못된 것을 숨긴다고 해서 없어지지는 않습니다. 그것

을 일시적으로 숨기는 것은 가능할지 모르지만 언젠가 드러나기 마련
입니다. 그때가 되면 상대는 나에게 속았다는 생각을 하게 될 것입니
다. 그러면 그 순간부터 다음 비즈니스란 없습니다. 과연 단점을 약화
시키거나 강점으로 보이게 만드는 일이 가능할까요?

스티브 잡스의 프레젠테이션은?

잡스의 프레젠테이션에서 해답을 찾아보겠습니다.

이제 제3막 iTunes에 대한 프레젠테이션으로 접어들었습니다. 우선
iTunes가 무엇인지에 대한 간단한 배경 설명이 필요할 것 같습니다.

◀ 애플이 운영하는 온라인
뮤직 스토어 'iTunes'

iTunes는 애플이 운영하는 온라인 뮤직 스토어로 2003년 4월 서비스
를 개시했습니다. 우리로 말하면 소리바다나 벅스처럼 음악을 다운로
드 받는 유료 사이트로, 애플이 배포하는 전용 프로그램을 통해서만
접속할 수 있습니다.

IT 전문가로서 현재 iTunes 프로젝트를 이끌고 있는 부사장 이디 큐 Eddy Cue가 "처음 6개월 동안 100만 곡 정도만 팔면 되겠다 싶었는데, 그 기록이 불과 6일 만에 깨졌죠."라고 말할 정도로 폭발적인 성장을 거듭하고 있는 뮤직 스토어입니다.

잡스의 말처럼 iTunes는 이미 전 세계적으로 2억 본 이상이 배포된 프로그램이며, 미국 내에서 합법적으로 다운로드 되는 음원의 84%를 차지하는 애플의 주 수입원이기도 합니다. iTunes에는 이미 200만 곡이 넘는 노래의 음원과 25,000여 개의 Podcasts, 그리고 16,000종의 오디오 북이 올라가 있습니다. 뿐만 아니라, 최근에는 비디오 다운로드 기능이 추가되었습니다. 80년대의 오래된 비디오는 물론이고, 현재 방영 중인 인기 TV 프로그램의 최신 방송분까지도 다운로드가 가능합니다.

그런데 여기서 한 가지 문제가 생겼습니다. 애플은 iTunes에서 뮤직비디오, 영화, 애니메이션, TV 프로그램 등과 같은 동영상 콘텐츠를 제공하려고 수년간 공을 들였습니다. 문제는 콘텐츠의 확보였습니다.
콘텐츠를 갖고 있는 영화사, 프로덕션, 방송국 등은 모두 자체적으로 자신들의 콘텐츠를 판매하는 사이트를 운영하고 있었고, 애플에게 자신들의 콘텐츠를 넘겨 주고 싶어 하지 않았습니다. 하지만 결국 잡스는 승리했습니다. iTunes의 접속자 수가 기하급수적으로 늘어가면서 콘텐츠를 보유하고 있는 기업들이 최대의 유통 채널이 되어 버린 애플의 iTunes를 무시할 수 없었기 때문입니다.

오늘 프레젠테이션의 후반부는 거의 이런 사실에 대한 내용으로 진행됩니다. 이것은 애플의 숙원 사업이자, 잡스의 개인적인 사업 비전이기도 하기 때문입니다. 잡스의 프레젠테이션을 보겠습니다.

◀ 새로운 버전의 iTunes 6를
발표

66

불과 5주 전인 9월 7일,
우리는 더욱 향상된 iTunes 5를 내놓았습니다.
하지만 지난 주에 많은 변화가 있었죠? (웃음)
그래서 5주밖에 지나지 않은 오늘,
우리는 다시 iTunes 6를 소개하고자 합니다.
저희는 무척 바쁩니다.

99

사실 iTunes와 같은 규모와 유저를 지닌 사이트가 프로그램 업데이트를 이렇게 자주 한다는 것은 유저들의 입장에서 보면 그다지 반가운

일은 아닙니다. 프로그램을 다시 다운받아 설치해야 하는 불편함도 있기 때문입니다. 이럴 거였으면 iTunes 5 버전을 내지 말고 조금 기다렸다 가 새로운 버전을 발표하는 것이 당연해 보일 수도 있습니다. 하지만 애플도 iTunes 5 버전에 동영상 서비스를 넣으려고 무진 애를 썼지만 결국 콘텐츠 제공사들과 협상이 마무리되지 않았습니다. 그래서 동영상 없이 iTunes 5를 출시할 수밖에 없었던 것이지요.

결국 iTunes의 버전 1부터 버전 5까지는 모두 음악을 다운받는 기능으로만 이루어져 있었습니다. 그런데 이 프레젠테이션이 있기 며칠 전에 잡스는 디즈니의 새로운 CEO인 로버트 아이거Robert Iger를 만나게 됩니다.

잡스와 아이거는 콘텐츠 제공에 관한 협상을 개시한 지 불과 3일 만에 전격적으로 합의를 이루어냅니다. 애플은 이제 디즈니와 디즈니가 소유하고 있는 abc 방송국의 동영상 콘텐츠를 제공받게 되었습니다.

애플은 iTunes 5에 급히 동영상을 다운로드 받을 수 있는 플랫폼을 추가한 새로운 버전을 개발하였고, 5주 만에 새 버전을 발표하기에 이르렀습니다. 잡스도 이런 점이 겸연쩍었던지 "우리는 무척 바쁩니다." 라고 말하며 웃음을 터뜨립니다. 그리곤 이런 문제를 만회하기 위해 잡스는 iTunes 6의 새로워진 기능을 힘주어 설명합니다. 모두 네 가지의 새로운 기능을 하나씩 소개합니다. 물론 앞서 언급한 것처럼 개요-본론-요약으로 이루어지는 3step 설명법을 철저히 지키고 있습니다. 그 중의 하나가 무엇인지를 청중에게 되물을 정도로 비디오 서비스의 개시는 잡스를 흥분시켰던 것 같습니다.

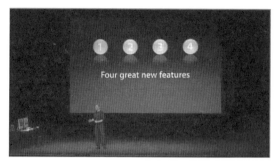

◀ 단점을 보완하기 위해
장점을 더욱 부각시킨다

iTunes 6에 새로 추가된 네 가지 기능을 프레젠테이션 합니다. 자기가 구매한 싱글 음악이나 앨범, 혹은 자기가 즐겨 듣는 음악의 연주 리스트를 모아 놓은 플레이 리스트 등을 다른 사람에게 선물하거나 보내 줄 수 있는 선물하기 기능, 사이트에서 제공하는 음악이나 동영상에 대해 유저들이 평가를 하고 평균 평점 등을 보여 주는 소비자 리뷰 기능, 내가 구매했던 이력을 바탕으로 관심을 가질 만한 새로운 싱글이나 앨범 등을 선별하여 소개해 주는 나만의 페이지 기능, 마지막으로 2,000개가 넘는 뮤직 비디오를 미리 보고 구매할 수 있는 비디오 다운로드 기능에 대해 시연을 통해 상세히 설명해 줍니다.

단점을 보완할 장점을 찾아라

5주 만에 새 버전을 발표한다는 것은 어찌 보면 고객들에게 큰 불편을 끼칠 수 있는 것입니다. 한번쯤은 이런 사태에 대해 공식적인 사과가 필요할지도 모릅니다. 하지만 잡스는 프레젠테이션 어디에서도 직접적인 사과를 하지 않습니다. 대신 우리가 그런 수고를 감내할 만한 무엇인가가 있다는 점을 더 강조하여 보여 줍니다. 이런 비디오 다운로드 기능을 소비자들이 하루라도 빨리 이용할 수 있도록 지난 몇 주간 무척 바쁘게 일했음을 강조합니다.

잡스의 프레젠테이션 스킬 덕분에 어느 누구도 애플의 이런 처사를 비난하지 않게 되었습니다. 오히려 더 좋은 기능을 이렇게 빠른 시간 내에 제공하는 애플에게 감사합니다. 애플이 소비자를 최우선으로 여기는 기업처럼 느껴집니다. 결국 그는 훌륭한 프레젠테이션 스킬로 자신들의 약점이 될 뻔한 부분까지도 장점으로 보이도록 만드는 큰일을 이뤄낸 것입니다.

프레젠테이션에서 나의 단점이 될 것이라 생각되는 부분은 가급적 내 입으로 먼저 이야기하지 마십시오. 프레젠테이션에 참석하는 청중의 대부분은 내가 먼저 이야기하기 전에는 그런 것들을 눈치 채지 못하기 때문입니다. 하지만 질문이 나오는 등의 만약의 사태에 대비하여 그것에 대해 설명할 준비를 미리 해 두십시오. 단점을 보완할 장점이 있다면 단점에 대해 사과를 하는 것 대신 그것을 강조하여 설명하십시오. 세상의 모든 일들은 동전의 양면과 같은 두 개의 얼굴을 지니고 있습니다. 동전의 어느 면을 보여 주느냐에 따라 그 동전은 다르게 보일 수 있습니다.

Original Speech

제3막은 iTunes입니다.

지금까지 전 세계적으로 2억 본 이상의 iTunes 프로그램이 배포되었습니다. 저희가 알고 있는 것만 해도 그 정도입니다. 이는 엄청난 현상입니다.

또한 iTunes는 지난달 미국 내 합법적인 음원 다운로드의 84%에 달하는 시장 점유율을 기록했습니다. 정말 엄청나죠.

그리고 불과 5주 전인 9월 7일, 우리는 더욱 향상된 iTunes 5를 내놓았습니다. 하지만 지난 주에 많은 변화가 있었죠? 그래서 5주밖에 안 지난 오늘, 우리는 iTunes 6를 소개하고자 합니다. 저희는 무척 바쁩니다.

그동안 정말 바빴습니다. 덕분에 iTunes 6는 네 가지 놀랍고 새로운 기능을 갖게 되었습니다. 그 중에 하나가 무엇인지 물어봐도 되겠습니까?

Act 3, iTunes.

You know, we've been distributed over 2 hundred million copies of iTunes now in the world, and those are the copies we all know about. It's phenomenon.

And iTunes in the US has 84% market shares last month for all legally downloaded music. It's amazing.

And now we introduced iTunes 5 on September 7th. That's just five weeks ago with some really good features in it. But, lots of changes within last week, hasn't it? So today, five weeks later, we're introducing iTunes 6. We've been busy.

We've been really busy. And iTunes 6 has four great new features. And I might beg you to guess what one of them is?

가장 좋은 것을 마지막에 보여 줘라

Save the best for last

바네사 윌리엄스Vanessa Williams라는 가수가 부른 곡 중에 'Save the best for last'란 노래가 있습니다.

Sometimes the snow comes down in June.
Sometimes the sun goes round the moon.
Just when I thought our chance had passed.
You go and save the best for last.

때론 6월에 눈이 내리기도 하고,
때론 태양이 달 주변을 돌기도 해요.
우리에겐 더 이상 기회가 없다고 생각할 때면
당신은 항상 가장 좋은 것을 들고 나타나지요.

사랑하는 사람을 위해 가장 좋은 것을 마지막에 보여 줄 수 있도록 아껴 둔다는 서정적인 노래입니다. 저는 지난 20년간 광고회사의 AE로 일선에서 많은 프레젠테이션을 했고, 광고회사를 그만둔 이후에는 기업이나 단체 등의 프레젠테이션 프로젝트를 도와주거나 그들에게 프레젠테이션 스킬을 가르치는 교육을 진행해 왔습니다. 이렇게 지내온 시간 동안 새롭게 깨달은 사실 하나가 있습니다. 바로 사랑과 프레젠테이션이 닮은 점이 있다는 것입니다. 혹시 여러분은 무엇인지 아십니까? 바로 'Save the best for last' 입니다.

또한 영화를 보십시오. 좋은 영화, 감동적인 영화일수록 후반부가 좋습니다. 명장면으로 얘기되는 벤허Benhur의 전차 경주 장면이나 ET의 자전거를 타고 하늘로 올라가는 장면 등도 모두 후반부에 등장합니다. 이처럼 영화의 클라이맥스나 하이라이트는 대부분 마지막에 들어 있습니다. 분위기가 충분히 조성된 다음에 가장 멋진 것을 보여 주기 위한 것일 수도 있고, 영화를 보고 난 후에 오랫 동안 감동과 여운을 남겨 주기 위한 것일 수도 있습니다. 멋지고 소중한 것일수록 그것을 아껴 두는 지혜가 필요합니다.

스티브 잡스의 프레젠테이션은?

스티브 잡스가 중요한 키노트 프레젠테이션마다 즐겨 사용해서 이제 그의 트레이드마크가 되어 버린 'One more thing' 이란 것이 있습니다. 최근 잡스의 프레젠테이션을 보면 거의 예외 없이 마지막에 등장합니다. 그날 프레젠테이션의 가장 핵심

↑ 잡스의 트레이드마크가 되어버린 One more thing

이 되는 내용을 마지막까지 아껴 두었다가 펼쳐 놓는 'Save the best for last'이지요. 오늘 프레젠테이션에서도 이런 스킬은 여지없이 등장합니다.

조금 더 구체적으로 살펴보겠습니다.

이제 잡스가 오프닝에서 이야기했던 고전의 명작과 같은 3막의 프레젠테이션이 모두 끝났습니다. 이때 스크린에 슬며시 'One more thing'이란 자막이 나타나고 객석에선 웃음이 흘러나옵니다. 바로 이때 잡스는 마지막까지 숨겨 두었던 오늘의 히든카드를 꺼내 듭니다.

← 마지막까지 숨겨 둔
   프레젠테이션의 히든카드

66

여기, iTunes 뮤직 스토어에서만 살 수 있는 것이
하나 더 있습니다.
그것은 바로 'TV Show'입니다.
돈을 내고 TV 프로그램을 구매한다면
누구나 히트작을 보고 싶어 할 것입니다.
현재 방영 중인 쇼 중에서

최고 인기 프로그램은 뭐죠?

'Desperate Housewives' 이죠.

그럼 두 번째로 인기 있는 쇼는?

바로 'Lost' 죠.

이 프로그램은 어느 방송에서 하죠?

둘 다 abc에서 방영됩니다.

abc 방송국의 소유주는 누구일까요?

디즈니입니다.

제가 이 사람을 잘 알고 있습니다.

(웃음)

,,

잡스 특유의 꼬리에 꼬리를 무는 화법이 돋보이는 부분입니다. 프레젠테이션을 진행하면서 청중이 궁금해할 만한 이야기를 순차적으로 풀어가며 자신의 메시지를 상대방에게 전달하고 설득시키는 기법이지요.

iTunes 6에서 동영상 서비스를 가능하게 만든 장본인인 abc 방송, 디즈니와의 계약 성사를 명쾌한 논리와 뛰어난 스피치로 이끌어가는 잡스의 프레젠테이션은 이 부분에서 절정을 이룹니다.

이제 iTunes 6를 통해 모두 다섯 개의 TV 쇼를 다운로드 받을 수 있다는 사실을 발표합니다. 미국 전역에서 1, 2위의 시청률을 기록하고 있는 abc의 간판 프로그램인 'Desperate Housewives'와 'Lost',

새로 시작된 'Night Stacker', 그리고 디즈니 채널에서 방영 중인 프로그램 가운데 가장 인기 있는 'That's so raven'과 'The sweet life oh Zack & Cody' 등의 프로그램입니다.

평범한 주부 네 명이 이웃의 자살을 목격하고 난 후, 자신들의 삶을 되돌아보며 자살의 미스터리를 풀어가는 일종의 미스터리 코믹 드라마로, 국내에서도 KBS 2TV에서 '위기의 주부들'이란 제목으로 방영되었던 작품.

시드니를 출발하여 LA로 향하던 오세아니아 항공 소속 815편이 어떤 무인도에 추락하면서 살아남은 생존자 48명이 겪는 에피소드를 다룬 abc 최고의 히트작으로, 한국 배우 김윤진이 출연한 것으로도 널리 알려진 작품.

♠ abc 방송국에서 방영중인 인기 프로그램

방송이 나간 바로 다음날부터 내려 받을 수 있고, 불필요한 광고가 들어 있지 않으며, 320×240 크기의 화면 사이즈로 제공되고, 1시간 짜리 프로그램을 다운로드 하는데 10~20분밖에 걸리지 않고, 편당 가격이 1.99달러에 불과하다는 등의 놀라운 장점들을 차례로 설명합니다. 그리고 이 모든 것을 시연을 통해 보여 줍니다.

강력한 무기는 마지막에 보여 주어라

이것이 오늘의 프레젠테이션에서 잡스가 가장 하고 싶었던 이야기입니다. 이것을 좀 더 극적으로 보여 주기 위해 잡스는 이 부분을 'One more thing'이라는 타이틀로 마지막까지 아껴 두었던 것입니다.

감동을 준다는 것은 시간을 필요로 합니다. 프레젠테이션을 시작하자마자 청중을 감동시키는 일은 불가능합니다. 감동은 감정의 문제이기 때문에 일정 시간 이상의 워밍업이 필요합니다. 이것이 가장 좋은 것을 마지막까지 아껴 두어야 하는 하나의 이유입니다.

또 다른 이유는 프레젠테이션의 집중도와 관련된 것입니다. 사람의 주의집중에는 한계가 있습니다. 시간이 지날수록 주의력도 점점 떨어지기 마련입니다. 초반에 중요하고 흥미로운 것을 다 풀어 놓고 나면 후반부에는 재미없고 지루한 것들만 남게 됩니다. 가뜩이나 떨어진 주의력이 더 나쁜 상황으로 치닫게 됩니다.

Save the best for last!

프레젠테이션에서 청중에게 가장 어필이 될 만한 무기를 지니고 있다면 그것을 맨 마지막에 보여 주는 방법을 생각해 보십시오. 이것이 프레젠테이션의 가장 마지막 부분에 일어난 일이기 때문에 프레젠테이션이 끝나고 평가를 할 때 가장 생생하게 기억된다는 점을 잊지 마십시오.

Original Speech

오늘 해야 할 일이 한 가지 더 남았습니다. 한 가지 더. 이 역시 꽤 중요한 것입니다.

And we do have one more thing today. One more thing, pretty big thing.

지금까지 우리는 음반 매장이 아닌 곳에서 어떻게 뮤직 비디오를 사고, iTunes 뮤직 스토어가 아닌 곳에서 video Podcasts를 구독하며, 어떻게 픽사의 단편영화를 구입할 수 있는지에 대해 이야기했습니다.

You know, we've talked about how you can buy music videos off the store, you can subscribe to video Podcasts off the iTunes music store, and you can buy Pixar Short Films.

여기, iTunes 뮤직 스토어에서만 살 수 있는 것이 하나 더 있습니다. 그것은 바로 'TV Show' 입니다.

There's one more thing and we're announcing today that you can buy off the iTunes music store. And that is TV Shows.

돈을 내고 TV 프로그램을 구매한다면 누구나 히트작을 보고 싶어 할 것입니다.

If we're gonna get TV shows, we are to get the biggest hits, right?

현재 방영 중인 쇼 중에서 최고 인기 프로그램은 뭐죠?

What's the number one hit show on television?

'Desperate Housewives' 죠.

"Desperate Housewives".

그럼 두 번째로 인기 있는 쇼는?

What's the number two hit television show,

바로 'Lost' 죠.

'Lost'.

이 프로그램은 어느 방송에서 하죠?

And what network are they on?

둘 다 abc에서 방영됩니다.

They're both on abc.

abc 방송국의 소유주는 누구일까요?

디즈니입니다.

제가 이 사람을 잘 알고 있습니다.

현재 최고 인기 TV쇼를 방영하고 있는 이들과 저는 다행스럽게도 같이 일했던 경험이 있습니다. 바로 그들이 abc 방송국과 디즈니 채널을 소유하고 있지요.

그리고 오늘 저희는 이들과 이룬 역사적인 계약을 발표하고자 합니다. 우리는 앞으로 iTunes를 통해 다섯 개의 쇼를 제공할 예정이고, 여러분은 온라인상에서 그것을 구매하고 다운로드 하여 여러분의 컴퓨터나 iPod에서 감상할 수 있게 되었습니다.

And who owns abc?

'Disney'.

I know these guys.

The guys that have the number one TV shows, I have the great fortune to be working with quite sometimes, and they own abc and the Disney channel.

And we have done a landmark deal, which we are announcing today. We're going to be offering 5 shows on iTunes which you can purchase online and download, and play on your computer, and play on your IPod.

| 동영상 위치 54:40~59:47 |

열정이 없으면 실패한다

The power of passion

매일 TV에서는 많은 연예인들이 나와 광고를 합니다. 그들의 연기는 많은 연습과 수정을 거친 것입니다. 하지만 모두가 연기일 뿐이지요. 광고에 등장하는 연예인들도 프레젠테이션의 모든 룰들을 따르고는 있지만 여전히 뭔가가 빠진 느낌이 듭니다. 과연 무엇이 빠진 것일까요?

모든 프레젠터는 자신의 발표 주제에 대해 열정을 가진 것처럼 보이고 싶어 합니다. 하지만 그것이 진심이 아니라면 청중은 곧 눈치를 채고 맙니다. 그들을 속일 수는 없습니다. 발표 내용에 대한 관심이나 열정은 바로 나 자신의 가슴과 정신에서 나옵니다. 알 파치노Al Pacino와 같은 명배우는 그런 연기를 할 수 있을지 모르지만, 우리는 그렇게 하지 못합니다. 열정을 연기할 수는 없습니다.

제가 만났던 최고의 프레젠터는 배우나 전문 프레젠터가 아니었습니다. 그들은 우리와 똑같은 비즈니스맨이었습니다. 다만 다섯 가지가 우리와 달랐습니다.

- 자신의 주제에 대해 높은 관심을 갖고 있다.
- 그것을 청중과 공유하며 즐거워한다.
- 발표내용을 자신의 마음과 슬라이드에 분명히 담고 있다.
- 넘치는 열정을 지니고 있다.
- 그것은 청중과 자연스럽게 연결된다.

그렇다면 열정으로 가득찬 스티브 잡스의 에너지를 확인해 보도록 하겠습니다.

스티브 잡스의 프레젠테이션은?

스티브 잡스는 프레젠테이션에서 청중의 주의를 환기시키고, 메시지를 강하게 인식시키기 위해 종종 깜짝 놀랄 만한 인물을 무대에 불러 세웁니다. 프레젠터가 아닌 다른 사람, 하지만 오늘의 프레젠테이션 주제와 밀접한 관련이 있는 인물을 초대하여 무대에 서게 합니다. 그러면 그 효과는 배가 되기 때문이지요.

이제 잡스는 그토록 목말라했던 동영상 서비스의 콘텐츠 제공이라는 기념비적 거래를 성사시킨 파트너, 디즈니의 새로운 CEO 로버트 아이거Robert Iger를 오늘 프레젠테이션에 초청하여 무대 위로 불러냅니다. 디즈니와의 돈독한 관계를 입증해 보이고 싶었던 잡스의 마음이 그대로 무대 위에 펼쳐지는 것이지요.

◀ 파트너 디즈니의 CEO, 로
버트 아이거를 초청

로버트 아이거는 2005년 1월, 디즈니의 여섯 번째 CEO로 임명된 인
물입니다. abc 방송국에 근무하던 시절, 디즈니와 abc 간의 M&A를
이루어 내기도 했으며, 디즈니로 자리를 옮긴 후에도 월트디즈니 인터
내셔널의 사장과 관리담당 사장으로 오랫동안 재직한 디즈니맨입니다.

물론 이 자리에 오르기까지 그의 탁월한 커뮤니케이션 능력과 수완이
도움이 되었을 것입니다. 매니저로서, 혹은 조직을 이끄는 리더로서
대중 앞에서 이야기를 하거나 프레젠테이션을 할 기회가 많았겠지요.

아이거는 프레젠테이션 분야에서도 높은 스킬을 자랑합니다. 그의 스
피치에는 미리 준비된 메모나 원고가 없습니다. 그런데도 막힘없이
물 흐르듯 자연스럽게 진행됩니다. 무대 위에서의 긴장이나 두려움
같은 것은 찾아볼 수 없습니다. 그는 이미 훌륭한 프레젠터이지요.

그러나 잡스의 프레젠테이션과 비교해 보면 많은 차이점을 발견할 수
있습니다. 스티브 잡스만이 지닌 에너지를 느낄 수 있을 것입니다.

스티브 잡스의 프레젠테이션

스티브 잡스 vs 로버트 아이거

우선 아래의 그림들을 살펴보십시오.

↑ 로버트 아이거와 스티브 잡스의 제스처 비교

이들의 차이가 보이십니까? 스티브 잡스와 로버트 아이거는 모두 훌륭한 프레젠터입니다. 하지만 둘 사이에는 분명한 차이가 있습니다. 그것은 두 사람의 개인적인 성향 차이일 수도 있고, 말하는 습관이나 유형의 차이일 수도 있습니다. 프레젠테이션 차원에서 보았을 때 두 사람의 가장 큰 차이는 네 가지로 요약할 수 있습니다.

첫째 제스처의 크기와 모양이 다릅니다.

사진에서 보이는 잡스의 모습을 보십시오. 그의 두 손은 프레젠테이션 내내 벨트 라인을 기점으로 윗부분에 위치합니다. 뿐만 아니라 이야기 도중 두 손을 이용해서 항상 무언가를 하고 있습니다. 하지만 아이거의 프레젠테이션은 대부분 손을 얌전히 모으거나 벨트 라인 아래로 내린 상태에서 진행됩니다. 손을 이용해서 특별히 무엇을 하고 있다는 느낌이 적습니다. 이것이 제스처의 차이입니다.

제스처가 많을수록 프레젠테이션은 다이내믹해집니다. 프레젠테이션이 다이내믹해 질수록 청중의 주목율은 높아집니다. 또 주목율이 높아질수록 프레젠테이션 메시지의 전달력과 설득력은 높아집니다. 결국 상대를 이해시키고 설득하려면 가급적 많은 제스처를 사용해야 합니다.

제스처의 기본 원리는 내가 말하고 있는 것을 손을 이용해 그림으로 표현한다면 어떻게 그릴 수 있을까를 생각하면 됩니다. 깊은 숲 속에 작은 오두막집이 있다는 동화를 아이들에게 들려줄 때 손을 이용해서 세모난 지붕을 만들어 보이는 것이 바로 제스처입니다.

비즈니스 프레젠테이션에서도 제스처를 이용할 기회는 얼마든지 있습니다. 엄밀히 따져보면 제스처 없이 이야기할 수 있는 부분은 거의 없습니다. 잡스의 프레젠테이션이 다이내믹해 보이는 이유 중의 하나는 그의 손이 항상 제스처를 하는 데 이용된다는 것입니다.

둘째 문장의 구조가 다릅니다.

아이거는 애플의 기술과 디즈니의 콘텐츠가 만나 이루어낼 미래에 대해 이야기를 하고 있습니다. 준비된 원고를 읽는 것도 아니고 모두 그의 머릿속에서 나오는 이야기를 술술 풀어 냅니다. 하지만 잡스의 스피치와는 문장의 구조 측면에서 볼 때 조금 다른 부분이 있습니다.

아이거의 스피치는 대부분 중문이나 복문으로 이루어져 있습니다. 대부분의 고급 영어는 이런 형태로 쓰여집니다. 하지만 아이거의 프레젠테이션을 듣고 있노라면 왠지 그의 이야기가 귀에 쏙쏙 들어오지 않는다는 느낌입니다. 우선 어렵게 들립니다.

하지만 잡스의 스피치를 보면 거의 다 짧은 단문으로 구성되어 있습니다. 대신 꼬리에 꼬리를 무는 방식으로 청중의 관심사를 속시원히 풀어 줍니다. 당연히 이해하기도 쉽고, 귀에도 잘 들립니다. 프레젠테이션을 진행하는 동안 가급적 단문을 구사하십시오. 청중은 당신의 단문식 스피치에 감사할 것입니다.

셋째 **상대를 몰입시키는 에너지가 다릅니다.**

아이거의 프레젠테이션은 처음부터 끝까지 안정된 모습을 보입니다. 하지만 조금 전까지 프레젠테이션을 진행하던 잡스와 비교해 보면 조금 기운 없어 보이고 지루해 보입니다. 하지만 잡스의 프레젠테이션을 보고 있으면 그가 정말 이 프레젠테이션을 즐기고 있다는 생각이 듭니다. 자기 제품에 대해 확신과 열정을 갖고 있음을 알 수 있습니다. 왜 이런 차이가 나는 것일까요? 그것은 에너지의 레벨이 다르기 때문입니다. 이런 에너지는 청중이 나의 프레젠테이션에 몰입하게 만드는 힘을 갖고 있습니다. 내가 이 주제와 내용에 대해 소신을 갖고 있음을 나타냅니다. 결국 청중은 소신 있는 프레젠터의 이야기에 확신을 갖게 됩니다.

에너지에 가장 큰 영향을 미치는 요소는 목소리의 크기입니다. 무대에 올라서는 가수를 생각해 보십시오. 그 가수가 아무리 세련된 패션 감각을 지니고 있다 해도 평상복 차림으로 무대에 올라선다면 초라해 보일 것입니다. 마찬가지로 내가 아무리 좋은 목소리를 갖고 있더라도 무대 위에서 평소와 같은 볼륨으로 이야기한다면 초라해 보일 것입니다. 무대에 올라서면 항상 평소보다 5~10% 큰소리를 내도록 하십시오. 이것이 무대용 스피치 볼륨입니다.

넷째 **스피치의 호흡이 다릅니다.**

아이거의 스피치는 처음부터 끝까지 일사천리로 달리는 경주마와 같습니다. 한 문장이 끝나고 다음 문장이 이어지는 부분에서도 거의 호흡이 없습니다. 스피치 도중 중문이나 복문을 많이 구사하기 때문에 문장 중간 중간에 쉼표가 나타나지만, 아이거는 이 부분에서도 별로 호흡을 두지 않습니다. 결과는 어떻게 될까요?

프레젠테이션에서 청중이 듣게 되는 발표 내용은 대부분 오늘 처음 듣는 새로운 이야기들입니다. 또한 그들에게 중요한 정보이기도 합니다. 그래서 방금 들은 내용을 정확히 머릿속에 입력해 둘 필요가 있습니다. 이렇게 하려면 방금 들은 내용을 정리할 약간의 시간이 필요합니다. 1번 문장을 듣고 입력을 위해 정리를 하는 동안 프레젠터는 벌써 2번 문장을 시작했습니다. 청중의 입장에서는 1번 문장을 제대로 정리하지 못했거나, 혹은 2번 문장의 시작 부분을 듣지 못하게 됩니다. 이런 것이 반복되면 결국 프레젠테이션 내용을 띄엄띄엄 듣게 됩니다. 당연히 프레젠테이션 전체의 흐름과 맥락을 이해하기 어려워집니다.

프레젠테이션 스피치를 할 때 내 이야기를 문장으로 써 놓는다면 반드시 어디에 쉼표, 마침표가 있을지 생각하십시오. 그리고 그 문장 부호가 들어갈 자리에 짧은 호흡을 두어 청중이 내 이야기를 정리하고 입력할 시간을 만들어 주십시오.

누구나 라이브에서 완벽할 수는 없다

스튜디오에서 녹음된 가수의 노래는 멋집니다. 하지만 콘서트나 라이브 무대에서의 노래는 대체로 그보다 못합니다. 그런데도 팬들이 콘서트에 가서 라이브를 듣고 싶어 하는 이유는 거기에 음반에는 없는 '열정'이 있기 때문입니다.

프레젠테이션도 마찬가지입니다. 미리 만들어 놓는 프레젠테이션 슬라이드는 완벽해질 수 있지만, 라이브로 진행되는 프레젠테이션이 완벽해지기란 쉽지 않습니다. 거기에는 반드시 열정이 있어야하기 때문입니다.

프레젠테이션을 공연과 비교한다면, 발라드 가수나 트롯 가수보다는 록스타나 록그룹의 공연과 같아야 합니다. 다음과 같은 여섯 가지를 갖추고 있어야 합니다.

_ 넘치는 에너지
_ 뜨거운 열정
_ 성실함
_ 온화한 미소
_ 다양한 움직임
_ 객석과의 연결

데일 카네기Dale Carnegie도 《How to develop self-confidence & influence people by public speaking》이란 책에서 남들 앞에서 이야기를 잘 할 수 있는 방법에 대해 비슷한 점을 이야기했습니다.

"자신이 얘기하는 것에 가슴과 정신을 담아라.
진실된 감정이야말로 세상의 어떤 스피치 법칙보다
더 큰 효과를 가져다준다."

에너지의 중요성에 대해서는 이런 이야기를 남겼습니다.

"에너지는 자석과 같다.
열정적인 연사의 곁에는 가을 들판의 거위 떼와 같이
많은 사람들이 모여 든다."

가는 말이 고와야 오는 말이 곱다는 속담이 있습니다. 소문은 소문을
낳고, 미소는 미소를 낳습니다. 내가 청중에게 깊은 관심을 보이면
청중 역시 나에게 같은 관심을 보내줍니다. 이런 점에서 볼 때 가수들
의 공연과 프레젠터의 프레젠테이션은 상당부분 닮아있습니다. 프레
젠테이션에서 열정을 보여 주고, 그것으로 청중을 끌어들이십시오.

Original Speech

우리는 디즈니와 역사적인 계약을 이루어 냈습니다. 저는 벌써 20여 년 동안 디즈니와 함께 일을 해 왔고, 지난 몇 개월 동안 디즈니의 새로운 CEO인 로버트 아이거를 잘 알게 되었습니다.

We've been able to reach this landmark deal with Disney. I've enjoyed working with Disney for about 20 years now, and I've known Bob Iger, Disney's new CEO very well in last few months.

이제 그를 모시고 우리의 계약에 대한 이야기를 듣고자 합니다. 로버트, 나와 주세요.

And it's my real pleasure to introduce him to you now to talk about this deal. Bob!

감사합니다. 대단히 감사합니다.

Thank you. Thank you very much.

스티브, 이번 발표를 위해 이 무대에 선 것을 매우 영광스럽게 생각합니다. 월트 디즈니의 모든 식구들은 이 새로운 시작에 대해 흥분을 감추지 못하고 있습니다.

Steve, it's great to be here on stage as a part of this announcement. Everybody in the Walt Disney Company is really excited about this new initiative.

저희는 그가 말했듯이 지금까지 픽사를 통해서 이루어진 스티브와의 관계에 크게 만족하고 있습니다. 그리고 이번 애플과의 관계 확장을 발표하게 된 것을 매우 기쁘게 생각합니다. 지금은 픽사와 애플이 한 회사지요? 다음엔 또 바뀔지도 모르죠. 전에도 그랬으니까요.

We've actually enjoyed this great new relationship with Steve as he just mentioned as well through Pixar, and it's great to be able to announce of the extension of relationship with apple, now the Pixar is with apple. Maybe another time, was he?

스티브와 저를 매우 흥분시키는 것 중의 하나는 바로 우수한 콘텐츠와 우수한 기술력의 만남입니다. 또한 이런 결합을 통한 만남

One of the things that Steve and I incredibly excited about is the intersection between great content and the great technology. And we'

이 실제로 새로운 기회를 창조해 낼 것이란 기대감 때문에 흥분을 감추지 못합니다.

혹은 새로운 기회를 찾고 있는 콘텐츠 제공자의 입장에서 보자면, 이런 기술력은 더 많은 사람들에게 다가갈 수 있게 만들고, 제품의 가치를 더 높여 줍니다.

애플과 같은 기술 제공 업체에게는 우수한 콘텐츠가, 그들의 우수한 새 기술이 시장에 진입하는 기회를 만들어 줄 수도 있습니다. 뿐만 아니라, 시청자인 고객들을 위한 무한한 기회들을 만들어 낼 것입니다.

스티브가 다시 나오기 전에 한 번 더 말씀드리고 싶습니다. 이번 계약은 저희에게 있어 매우 흥분되는 모험입니다. 우리가 늘 생각해 왔던 미래이며, 우수한 콘텐츠를 더 많은 사람들이 볼 수 있도록 하기 위해서 우리와 같은 회사들이 바라보고 사용해야 할 방법이기도 합니다.

이는 콘텐츠와 기술력의 위대한 결혼이며, 저는 이에 흥분을 감출 수 없습니다.

re really excited about it because the opportunity is that the intersection of that marriage actually created.

Or just think about from the content providers, perspective of the opportunities, technologies provides to reach more people or to make products better.

The opportunity is that provide for technology company in this case 'apple', the great content driving the penetration into market place of great new technology, but also creates unbelievable opportunities for the consumers in this case, the viewers.

Before Steve comes out, I just wanna say that one more time. I think this is incredibly exciting venture for us. It is the future as far as we concerned, it is the way that a company would like to see and use to make a great content can indeed reach more people.

And it's a great marriage between content and technology and I am thrilled about it.

항상 되짚어 주고, 요약하라

Recap and Summary

훌륭한 프레젠터의 프레젠테이션은 크게 신경을 쓰지 않고 들어도 귀에 잘 들어오고 잘 기억됩니다. 하지만 보통은 그 반대입니다. 프레젠터도 열심히 설명을 하고 청중도 열심히 들은 것 같은데, 끝나고 나면 무슨 이야기를 들었는지 잘 기억이 나질 않습니다. 무슨 차이가 있는 걸까요?

사람의 주의력에는 한계가 있습니다. 프레젠테이션 내내 프레젠터의 이야기에 집중을 하는 것은 불가능합니다. 가끔은 나도 모르게 멍해지는 시간이 있습니다. 하지만 그 시간에도 프레젠테이션은 계속됩니다. 뿐만 아니라 모든 프레젠테이션은 나름대로의 스토리를 갖고 있습니다. 앞, 뒤의 스토리가 모두 연결되어 있지요. 따라서 앞의 이야기를 못 들으면 뒤의 이야기가 잘 이해되지 않습니다. 그래서 흐름을 놓치지 않도록 도와줘야 합니다.

본론을 이야기할 때 주의가 산만해져 듣지 못했더라도 지금 이야기한 것의 핵심이 무엇인지 정도는 알고 넘어가게 만들어야 합니다. 그것을 하는 가장 좋은 방법이 바로 '요약'을 해 주는 것입니다.

지금까지 살펴본 잡스의 프레젠테이션은 모두 비슷한 구조를 지니고 있습니다. 지금부터 할 이야기의 큰 그림, 즉 개요를 먼저 알려 주고 그것에 대해 세부적인 사항을 곁들여 본론을 이야기하고, 마지막에는 지금까지 이야기한 내용을 다시 요약해 주는 마무리로 이루어집니다. 프레젠테이션 내내 이런 구조가 한 번도 흐트러지는 법이 없습니다. 어찌 보면 너무 기계적으로 이런 방식을 사용하는 것이 아닌가 하는 생각이 들기도 합니다. 그런데 이것으로도 부족했던지 모든 프레젠테이션이 끝난 시점에서 전체를 뒤돌아보는 요약을 하려고 합니다.

스티브 잡스의 프레젠테이션은?

3막에 걸친 신제품 소개와 'One more thing'을 포함하여 이제 오늘의 프레젠테이션이 모두 끝나갑니다. 그런데 스크린에는 다시 'Finale'란 자막이 나타납니다. 오늘의 프레젠테이션이 모두 끝난 마당에 잡스는 무슨 이야기를 더 하고 싶었던 것일까요?
프레젠테이션으로 들어가 봅시다.

66

자, 이제 오늘 우리가 보았던 것들을
다시 한번 정리해 보겠습니다.

화상회의를 할 수 있는 내장형 iSight 비디오 카메라,

방 안에서 음악, 사진, 비디오 등을

감상할 수 있게 만들어 주는

포토 부스와 프론트로가 추가된

놀랍고 새로운 iMac.

우리가 만든 최고의 뮤직 플레이어이자

이제는 비디오까지 감상할 수 있게

완전히 새로워진 iPod.

사실상 비디오 재생이 개선의 핵심입니다.

다음으로 2,000곡 이상의 뮤직 비디오와

픽사가 만든 여섯 편의 단편영화 수상작들,

그리고 무엇보다 현재 방영 중인

시청률 1, 2위 프로그램을 포함한

다섯 개의 TV 쇼 등을 제공하는

iTunes 6가 있습니다.

99

◀ 마지막에 다시 한번 되짚어
주는 것이 중요하다

화상회의, Photo Booth, Front Row, iSight Video Camera가 내장된 놀랍고 새로운 iMac.

최고의 Music Player이자 이제는 비디오까지 감상할 수 있는 완전히 새로워진 iPod.

2,000여 곡 이상의 Music Video, 여섯 편의 단편영화 수상작들, 다섯 개의 TV 쇼 등을 제공하는 iTunes 6.

↑ 전달하고 싶은 핵심을 다시한번 요약한다

이렇게 오늘의 프레젠테이션 핵심 내용을 다시 한번 요약해 줍니다.

잡스는 프레젠테이션 내내 무엇을 이야기하든 항상 지금부터 무엇에 대해 이야기할 것인지를 알려 줍니다. 청중을 준비시키는 것이지요. 그리고 준비된 청중에게 내가 하고 싶은 이야기의 본론을 자세히 알려 줍니다. 그리고 이야기가 끝난 후에는 반드시 지금까지 한 이야기

가 무엇이었는지를 요약해 줍니다. 앞서 언급한 3단계 설명법을 지키
는 것이지요.

설명이 끝나면 반드시 요약하라

저는 산업 현장에서 많은 프레젠터들을 대상으로 프레젠테이션 스킬
교육을 진행하고 있습니다. 교육 중에 만난 교육생들에게 자신의 프
레젠테이션을 재현해 보이도록 요청합니다.

실습에서 대부분의 프레젠터는 내가 이야기할 내용의 본론만 이야기
합니다. 본론 앞, 뒤에 준비와 요약을 사용하는 사람은 거의 없습니

다. 그래서 저는 실습이 끝난 후, 이런 구조로 말하
는 것의 필요성, 특히 마지막 단계에서의 요약의 중
요성에 대해 이야기합니다. 그리고 실습을 통해 다
시 새로운 방식으로 재연해 보도록 요청합니다.

이런 교육 과정에서 제가 느낀 점은 대다수의 프레
젠터들이 이런 방식에 익숙하지 않아서인지 이렇게
이야기하는 것을 매우 어색해 하고 부자연스럽게 생
각한다는 것입니다. 하지만 이렇게 이야기하지 않으
면 상대방이 나의 프레젠테이션 내용을 모두 이해하
고 기억하기 어렵다고 말합니다. 그런 후 몇 분의 시

▲ 청중은 자신이 놓친 부분을 친절하게
요약해 주는 프레젠터를 원한다

연을 통해 그 효과를 보여 주면 모두들 신기해합니다. 내가 말하는 방식의 문제점을 깨닫게 되고, 새로운 방식의 프레젠테이션 구성을 받아들이게 됩니다.

그렇습니다. 이것은 매우 부자연스러운 방법입니다. 내가 할 말의 본론만 이야기하는 것이 일상적으로 우리가 사용하는 자연스런 방식입니다. 하지만 프레젠테이션을 할 때에는 이런 방법을 사용해야만 합니다. 이유는 단 한 가지입니다. 청중의 주의력에 한계가 있기 때문입니다. 청중은 내가 잠시 놓친 부분을 친절하게 요약해 주는 프레젠터를 원하기 때문입니다.

매 페이지, 매 주제, 매 챕터, 매 프레젠테이션마다 반드시 하나의 설명이 끝나고 나면 그것을 요약하십시오. 양치기 목동처럼 한 마리의 양도 놓치지 않도록 청중을 이끌어 주십시오.

Original Speech

자, 이제 오늘 우리가 보았던 것들을 다시 한번 정리해 보겠습니다.

So, I just wanna review that we've seen today.

화상회의를 할 수 있는 내장형 iSight 비디오 카메라, 방 안에서 음악, 사진, 비디오 등을 감상할 수 있게 만들어 주는 포토 부스와 프론트로가 추가된 놀랍고 새로운 iMac.

An amazing new iMac with an iSight video camera built-in, for video conferencing, for things like Photo Booth and Front row, a way to experience your music, your photos and your videos from across the room.

우리가 만든 최고의 뮤직 플레이어이자 이제는 비디오까지 감상할 수 있게 완전히 새로워진 iPod. 사실상 비디오 재생이 개선의 핵심입니다.

And all new iPod, the best music player we've ever made that also plays video. As a matter of fact, it's just about everything.

다음으로 2,000곡 이상의 뮤직 비디오와 픽사가 만든 여섯 편의 단편영화 수상작들, 그리고 무엇보다 현재 방영 중인 시청률 1, 2위 프로그램을 포함한 다섯 개의 TV 쇼 등을 제공하는 iTunes 6가 있습니다.

And iTunes 6, over 2000 music videos, 6 award winning Pixar short films, and most exciting of all, 6 or 5 television shows including number one and the number two shows on television.

프레젠테이션은 드라마다

Making a drama

어느 부서의 팀원이 회사에 큰 이익을 가져다주는 커다란 일을 해냈습니다. 팀장이 성과를 이룬 팀원을 칭찬하기 위해 팀장이 그 직원에게 다가갑니다. 팀장의 얼굴에는 미소가 가득합니다. 다소 상기된 표정으로 직원의 어깨를 두드리며 힘 있는 목소리로 이야기합니다.

"김 대리, 잘했다!"

이번엔 그 직원이 큰 실수를 해서 회사에 막대한 손해를 가져오게 되었습니다. 이번에도 팀장이 그 직원에게 다가갑니다. 하지만 그의 얼굴 표정은 굳어 있습니다. 그는 그 직원을 아래위로 훑어보며 이렇게 말합니다.

"김 대리, 잘~했다. 잘~했어."

이 두 경우에 모두 이야기된 단어는 '잘했다' 입니다. 하지만 같은 단어를 이야기하더라도 그 뜻과 내용은 물론 상대방이 받아들이는 메시

지까지 완전히 다릅니다. 무엇이 같은 단어를 다른 의미로 만들어 내는 것일까요?

미국 UCLA 대학 심리학과의 앨버트 멜러비안 Albert Mehrabian 명예교수는 '침묵하는 메시지⟨Silent Messages : Implicit Communication of Emotions and Attitudes⟩!'라는 논문에서 인간의 커뮤니케이션 효과에 영향을 미치는 세 가지 요소에 관해 다음과 같은 사실을 발견했습니다.

_ 말하는 내용 : 7%
_ 말하는 방법 : 38%
_ 말하는 모습 : 55%

그리고 이 논문은 아직도 많은 커뮤니케이션 연구학자들에게 고전의 진리처럼 받아들여지고 있습니다. 물론 좋은 콘텐츠는 매우 중요합니다. 하지만 그것이 전부가 아닐 수도 있고, 그것만으로는 충분하지 않을 수도 있습니다. 또 위의 세 가지 요소의 구성비 수치 자체는 중요하지 않을 수도 있습니다. 경우에 따라 그보다 많을 수도, 적을 수도 있습니다.

이 논문의 핵심은 인간의 커뮤니케이션은 '말하는 방법'과 '말하는 모습'에 의해 크게 달라질 수 있다는 것입니다.

프레젠테이션에서도 이런 현상을 쉽게 발견할 수 있습니다. 같은 이야기를 해도 누가, 어떻게 말하느냐에 따라 그 의미와 영향력이 달라집니다. 콘텐츠가 전부라면 좋은 목소리를 가진 프레젠터가 내용을 차분하게 읽어 주는 것으로 충분할 것입니다. 하지만 대부분의 청중은 프레젠테이션의 내용이 아니라 그것을 전달하는 프레젠터의 '비언어적Non-Verbal인 요소'에 주목합니다. 그래서 어떻게 말하느냐가 중요합니다. 그런 방법 중의 하나가 프레젠테이션 내용을 드라마틱하게 구성하여 전달하는 방법입니다.

프레젠테이션을 드라마틱하게 구성한다는 것은 어떤 뜻일까요? 내가 이야기하려는 포인트를 보다 극적으로 보이게 하기 위해 프레젠테이션을 하는 시나리오로 만드는 것을 의미합니다. 같은 내용의 메시지라도 어떻게 표현하느냐에 따라 전달 효과가 달라지기 때문이지요. 잡스는 이런 테크닉을 어떻게 사용하는지 살펴보겠습니다.

스티브 잡스의 프레젠테이션은?

오늘 새롭게 발표되는 비디오 다운로드 서비스에 대한 이야기입니다. 잡스는 오늘 프레젠테이션에서 청중에게 들려주고 싶었던 모든 이야기를 끝마친 상태입니다. 새로운 iMac, 새로운 iPod, 새로운 iTunes에 대해 설명을 했습니다. 모두가 놀랍고 획기적인 기능으로 무장되었습니다. 우선 잡스는 오늘 프레젠테이션의 청중이 대부분 애플의 제품을 판매하는 딜러들임을 잊지 않고 있습니다.

우리가 이런 제품들을 새롭게 출시하게 되었는데 그것이 청중인 여러분에게 어떤 의미를 갖는가를 짚어서 이야기합니다. 화면에는 커다란 물음표가 하나 보입니다.

◀ 모든 이야기의 초점은 내가
아닌 청중에게 맞춰져야 한다

66

정말 대단한 일입니다.
그렇다면 이 모든 것들이
의미하는 바는 무엇일까요?
그 중의 하나는 우리가 다가올
크리스마스 시즌을 앞두고
큰 인기를 끌 수 있는 제품들을
갖추게 되었다는 사실입니다.

99

애플은 이런 신제품을 만들었고, 애플의 딜러들은 최대 성수기인 크리스마스 시즌에 팔 수 있는 인기 상품들을 갖게 되었다는 것입니다. 그의 모든 이야기의 초점이 항상 내가 아닌 청중에게 맞춰져 있습니다. 당연히 오늘 프레젠테이션에 참석한 애플의 딜러들은 크리스마스를 앞두고 물량을 충분히 확보해야겠다고 생각할 것입니다. 또한 그것을 잘 판매하여 이번 시즌에 한 몫을 챙겨야겠다는 생각을 할 것입니다. 그렇게 되면 주문량은 늘어날 것이고, 애플의 매출은 상승할 것입니다. 늘 상대방의 입장에서 생각하고 전개하는 잡스의 프레젠테이션이 이런 결과를 가져오는 것입니다. .

이어지는 잡스의 프레젠테이션을 보겠습니다.

♠ 하루 전인 어제까지의 iTunes

66

하지만 저는 오늘 이 자리에
그보다 더 중요한 것이 있다고 생각합니다.
이제 하루 전인 어제로 돌아가 보겠습니다.
수년 동안의 노력 덕분에
우리는 어제까지 iTunes를 통해
온라인에서 음악을 구매하고

그것을 우리의 컴퓨터와 iPod을 통해

들을 수 있었습니다.

이 모든 기반 기술들이 제자리를 찾게 만들기 위해

수년간 노력했고,

하루 만에 우리는 상당한 발전을 이루었습니다.

""

스크린에는 프레젠테이션이 열리는 하루 전인, 10월 11일의 달력 한 장과 어제까지 할 수 있었던 일들이 보여집니다. 그리고 이어지는 화면에는 10월 12일, 오늘의 달력이 보입니다. 오늘부터 할 수 있는 일들이 무엇인지를 보여 줍니다.

↑ 오늘부터 완전히 달라진 새로운 iTunes

"

왜냐하면 오늘부터 여러분은 온라인상에서

비디오를 구매할 수 있고,

그것을 컴퓨터에서 재생해 볼 수 있으며,

iPod에 담아 가지고 다닐 수 있게 되었습니다.

뮤직 비디오, 단편영화 그리고 최고의 TV 쇼 말입니다.

""

드라마가 콘텐츠를 돋보이게 만든다

잡스는 핵심 포인트를 강조하고자 할 때마다 드라마틱한 프레젠테이션 구성을 사용합니다. 치밀한 각본과 구성으로 청중에게 다가갑니다. 드라마를 통해 콘텐츠를 돋보이게 만듭니다.

잡스가 이 섹션에서 사용한 드라마는 크게 세 가지로 요약할 수 있습니다.

첫째 등장인물을 통한 드라마

5주 전에 발표된 iTunes 5와 오늘 발표되는 iTunes 6의 가장 큰 차이는 비디오의 다운로드가 추가된 것입니다. 애플은 이것을 만들어 내기 위해 수년간 정말 많은 노력과 투자를 했습니다. 하지만 콘텐츠 제공업체들의 협조를 얻지 못해 고민해 왔습니다. 그러나 이 프레젠테이션이 있기 직전에 abc 방송국과 디즈니 채널을 소유하고 있는 디즈니와의 극적인 합의를 통해 계약을 이루어 냈습니다.

잡스는 이것이 애플의 미래에 커다란 의미를 갖는다고 생각합니다. 그래서 오늘 프레젠테이션에서 'One more thing' 이라는 섹션을 따로 만들어 이 사실을 강조합니다. 뿐만 아니라 이 역사적인 계약의 파트너인 디즈니 사의 새로운 CEO 로버트 아이거를 직접 무대에 초청해 이야기를 들려줍니다. 의외의 등장인물을 통해 드라마를 만드는 것입니다.

둘째 시점과 장소를 통한 드라마

여기까지 오는데 정말 많은 시간이 걸렸습니다. 하지만 소비자의 입장에서 보면 어제까지 불가능했던 일이 오늘부터 가능해진 것뿐입니다. 잡스는 오늘 참석한 청중이 이 비디오 다운로드 서비스 개시의 의미를 보다 큰 것으로 여기게 만들고 싶었습니다. 좀 더 드라마틱하게 보여 주고 싶었습니다.

결국 이 기적 같은 일은 모두 하루 만에 일어난 것입니다. 그 서비스의 개시를 오늘 이 프레젠테이션 석상에서 애플의 CEO인 스티브 잡스가 직접 공표합니다. 역사적인 서비스 개시의 발표 장소와 시점을 통해 드라마를 만들고 있습니다.

셋째 슬라이드에 담긴 드라마

이 프레젠테이션이 열린 날은 2005년 10월 12일입니다. 어제인 10월 11일까지는 음악을 다운받고, 컴퓨터나 iPod에서 들을 수 없었습니다. 하지만 10월 12일, 오늘을 기점으로 소비자들은 비디오를 다운받고, 컴퓨터나 iPod에서 볼 수 있게 되었습니다. 정말 하루 만에 이 모든 일이 이루어졌습니다.

그래서 잡스는 앞의 사진에서 보는 것처럼 어제까지 할 수 있었던 일과 오늘부터 새롭게 할 수 있는 일을 두 장의 달력이 들어 있는 슬라이드를 통해 보여 줍니다. 그리곤 이 모든 것이 하루 만에 이루어졌다고 말합니다. 이것은 슬라이드를 통한 드라마 연출입니다.

드라마틱한 인용구를 사용하라

이어지는 프레젠테이션을 보십시오. 슬라이드에 웬 자막이 하나 보입니다. 이게 무슨 뜻일까요?

◀ 인용구를 통해 드라마틱하게
구성한다

"

Toto, I've got a feeling we're not in Kansas anymore."
저는 이제 우리가 더 이상 캔사스에 있지 않다는 생각이 듭니다.

"

미국의 영화협회인 AFI American Film Institute는 1998년 'AFI's 100 Years-100 Movie Quotes'를 발표했습니다. 미국 영화 100년사에 관객들의 기억에 남는 명대사 100편을 선정한 것입니다. 잡스가 오늘 인용한 이 문구는 1939년에 제작되어 큰 히트를 기록했던 영화 '오즈의 마법사The Wizard of OZ'에 등장하는 문구입니다. 이 문구는 AFI 100대 명대사 중 4위에 기록된 유명한 대사이기도 합니다. 오즈의 마법사에 등장하는 주인공 도로시가 완전히 달라진 주변을 바라보면서

토토에게 건넨 이야기입니다.

결국 오늘 발표되는 이 세 가지 제품 덕분에 세상이 완전히 달라진다는 것을 누구나 알고 있는 유명한 인용구를 이용해 보여 주는 것입니다. 이처럼 프레젠테이션의 마지막에 유명한 인용구를 활용하면 프레젠테이션에 더 큰 여운을 남길 수 있습니다.

오늘 나의 프레젠테이션을 대표할 만한 인용구가 무엇일까를 찾아보고, 그것을 프레젠테이션에 활용해 보십시오. 청중은 그 인용구 하나 때문에 당신의 프레젠테이션을 기억할지도 모릅니다. 이것이 프레젠테이션을 좀 더 드라마틱하게 만드는 또 하나의 방법입니다.

휴먼 드라마로 잔잔한 감동을 주어라

이어지는 이 섹션의 마지막 드라마는 '휴먼 드라마'입니다.

◀ 애플 직원 모두에게 감사의
박수를 보내는 잡스

> 66
> 오늘 소개해 드린 제품들을 개발하기 위해
> 지난 수년간 애플의 직원들은
> 정말 열심히 일해 왔습니다.
> 애플에는 iPod 그룹, iMac 그룹,
> 그리고 iTunes 그룹이 있습니다.
> 회사의 다른 직원들도 마찬가지입니다.
> 이제 이들 모두에게 감사의 박수를 보내고 싶습니다.
> 99

이 섹션의 마지막은 이런 제품을 만들어 내기까지 불철주야 작업에
몰두했던 모든 애플의 직원들에게 공을 돌리고, 감사의 박수를 보내
는 것으로 마무리됩니다.
모든 청중은 잡스의 훌륭한 프레젠테이션 덕분에 애플의 신제품들이
얼마나 대단한 것인가를 알게 되었고, 잡스의 말대로 이런 제품을 만
들어 낸 재능 있는 애플의 직원들에게 진심 어린 박수를 보내게 됩
니다.

스티브 잡스는 다소 독선적이고 남의 이야기를 잘 듣지 않는다고 알
려져 있습니다. 하지만 이런 장면을 보면 우리가 스티브 잡스에 대해
오해를 하고 있는 것은 아닌가 하는 생각이 듭니다. 이처럼 잡스는 리
더십에서조차 드라마를 연출하고 있습니다.

프레젠테이션은 잘 쓰인 각본과 잘 짜인 연출, 뛰어난 연기자를 통해 감동을 더해가는 드라마입니다. 결국은 이 모두가 하나로 어우러지는 'Big Show' 입니다. 그 쇼의 연출자가 우리 회사, 우리 팀이고, 그 쇼의 주인공은 프레젠터인 바로 '나' 입니다.

나의 슬라이드는 대본이고, 다양한 프레젠테이션 스킬은 연출입니다. 청중을 감동시키고 싶다면 각본을 짜고, 연출을 하고, 연기를 하십시오. 그리고 그 안에 적절한 인용구를 담으십시오. 이제 당신의 프레젠테이션은 딱딱하고 지루한 설명회가 아니라 흥미롭고 감동적인 드라마가 될 것입니다.

Original Speech

정말 대단한 일입니다. 그렇다면 이 모든 것들이 의미하는 바는 무엇일까요?

그 중의 하나는 우리가 다가올 크리스마스 시즌을 앞두고 큰 인기를 끌 수 있는 제품들을 갖추게 되었다는 사실입니다. 하지만 저는 오늘 이 자리에 그보다 더 중요한 것이 있다고 생각합니다.

이제 하루 전인 어제로 돌아가 보겠습니다. 수년 동안의 노력 덕분에 우리는 어제까지 iTunes를 통해 온라인에서 음악을 구매하고 그것을 우리의 컴퓨터와 iPod를 통해 들을 수 있었습니다.

이 모든 기반 기술들이 제자리를 찾게 만들기 위해 수년간 노력했고, 하루 만에 우리는 상당한 발전을 이루었습니다.

왜냐하면 오늘부터 여러분은 온라인상에서 비디오를 구매할 수 있고, 그것을 컴퓨터에서 재생해 볼 수 있으며, iPod에 담아 가지고 다닐 수 있게 되었습니다. 뮤직 비디오, 단편영화 그리고 최고의 TV 쇼 말입니다.

저는 이제 우리가 더 이상 캔사스에 있지 않다는 생각이 듭니다. 그리고 이 모든 것들이 단 하루 만에 이루어졌습니다. 놀랄 만한 일입니다.

So, this is amazing. What does it all mean?

Well, one of that things that it means, we're gonna have some really hot products in this holiday season. But I think there's something bigger here today.

Let's go back one day, yesterday. Yesterday, after a lot of work of many years, you could buy music online with iTunes, listen to it on your computer and bring it with you and listen to it to go on your iPod.

Years of work to put all of these infrastructures in place, in one day, we've traveled great distance.

Because starting today, you can buy video online, you can watch it on your computer, and you can bring it with you on your iPod. Music videos, short films, and top shows on television.

I've got a feeling we're not in Kansas anymore. And it's all happened in one day. Pretty amazing.

Chapter
22

| 동영상 위치 01:03:00~01:20:29 |

보너스는 언제나 기분 좋다

Give them a Bonus

보너스를 받는다는 것은 누구에게나 즐거운 일입니다. 그것은 기대하지 않았던 선물이기 때문입니다. 프레젠테이션에서도 청중에게 선물이 될 만한 것을 줄 수 있다면 청중의 기쁨은 배가 되고, 프레젠테이션의 성과에도 도움을 줄 것 입니다. 잡스는 오늘 마지막 순서로 참석해 준 청중에게 감사의 표시로 보너스를 준비했습니다.

스티브 잡스의 프레젠테이션은?

◀ 청중에게 긴 여운을 남기는
보너스를 준비한다

여기에 여러분들이 좋아할 만한
오늘의 마지막 순서가 남았습니다.
우리는 앙코르를 받았습니다.
매우 대단한 앙코르지요.

스크린에는 '앙코르'란 타이틀이 나타납니다. 아직도 아쉬움이 남아
있을 청중을 위한 앙코르란 의미겠지요. 앙코르란 단어는 대개 공연
에서 많이 사용되는 단어입니다. 이 타이틀 하나로 잡스는 지금까지
의 프레젠테이션이 청중으로부터 앙코르를 받을 자격이 있을 만큼 충
분히 훌륭한 것이었음을 암시합니다. 대단한 자신감이지요. 뿐만 아
니라 다음 순서가 무엇일지를 암시해 주기도 합니다.

오늘 소개된 프레젠테이션 내용 중에서 청중의 관심을 끈 내용은 대
부분 음악에 관한 것이었습니다. 컴퓨터에서 음악, 사진, DVD, 비디
오 등 여러 가지 미디어를 감상할 수 있는 새로운 소프트웨어인 Front
Row, 방 안에서 소파에 앉아 음악을 즐기기 위해 사용하는 아주 얇고
멋지고 작은 리모트 컨트롤, 온라인상에서 음악을 다운로드 받을 수
있는 온라인 뮤직 스토어인 iTunes 등이 모두 음악을 기반으로 하는
아이템들입니다. 그래서 청중에게 보너스로 제공하려는 것 또한 음악
에 관한 것으로 구성 했습니다. 세계적인 뮤지션을 초빙하여 그들의
연주를 듣는 것이지요.

우리가 지금까지 치른 모든 행사는
결국 모두 음악에 관한 것임을
스스로에게 상기시키고자 합니다.
이를 위해 세계적인 음악가를 초대하여
그들의 연주를 듣는 것보다
더 나은 방법은 없을 것 같습니다.
우리는 오늘 매우 운이 좋군요.

↑ 미국을 대표하는 재즈 뮤지션 or
트럼펫 연주자

이어서 연주를 해 줄 뮤지션을 소개합니다. 역시 이 부분에서도 잡스 특유의 꼬리의 꼬리를 무는 단문이 이어집니다. 그의 출생에서부터 어떻게 음악에 입문했고, 어떤 성과를 거두었으며, 현재 무슨 일을 하고 있는 사람인지를 슬라이드에 하나씩 소개하면서 세계적인 재즈 뮤지션인 윈튼 마살리스Wynton Marsalis를 소개합니다.

윈튼 마살리스는 미국을 대표하는 재즈 뮤지션이자, 트럼펫 연주자입니다. 1961년 뉴올리언스New Orleans에서 태어나 12세 때부터 본격적으로 트럼펫을 공부했고, 18세에 줄리아드 음악학교에 입학했습니다. 35장이 넘는 음반을 발표했고, 아홉 번의 그래미Grammy상과 퓰리처Pulitzer

상을 수상했으며, 현재 뉴욕에 있는 링컨 센터의 재즈 예술 감독으로 재직 중인 거장입니다. 이런 거장의 연주를 들을 수 있다는 건 청중에 겐 행운이겠죠.

이어서 윈튼 마살리스의 연주가 시작됩니다. 마살리스도 잡스의 프레 젠테이션에 매료된 모양인지 연주를 시작하기 위해 트럼펫을 입에 물 었다가 잠시 입을 떼고 청중에게 이렇게 말합니다.

"That was a great presentation."

수없이 많은 무대 경험을 갖고 있는 위대한 뮤지션의 눈에도 잡스의 프레젠테이션이 훌륭해 보였나 봅니다

프레젠터는 결국 아티스트다

무대 위에는 다양한 부류의 사람들이 올라옵니다. 연설을 하기 위한 사람, 상을 받기 위한 사람, 공연을 하기 위한 사람, 프레젠테이션을 하기 위한 사람, 사회를 보기 위한 사람 등 이들은 모두 무대 위에서 무언가를 합니다. 이 중에서도 프레젠터는 공연을 위해 무대에 오르 는 아티스트와 가장 많이 닮았습니다.

— 아티스트들은 무대에 올라 공연을 한다.

- 무대에 오르는 사람보다 객석에 자리한 사람이 훨씬 많다.

- 아티스트는 공연을 앞두고 공연의 순서를 구상한다.

- 뿐만 아니라 반드시 리허설을 한다.

- 청중의 갈채를 받기 위해 무대에 오르기 전 많은 준비를 한다.

- 그러나 무대 위에서의 공연은 딱 한 번으로 끝이 난다.

- 공연이 맘에 안 들거나 잘못 되어도 다시 할 수 없다.

- 딱 한 번으로 끝난다.

프레젠테이션도 마찬가지입니다. 훌륭한 공연을 위해 아티스트들이 준비하는 것만큼, 훌륭한 프레젠테이션을 위해 프레젠터는 준비해야 합니다. 구상하고, 연습하고, 준비해야 합니다. 프레젠테이션에서는 두 번의 기회란 없기 때문입니다.

잡스는 그 기회를 놓치지 않습니다. 마지막까지 청중의 마음을 잡기 위해 치밀한 계획을 세우고 보너스를 준비합니다. 음악에 관한 프레젠테이션에서 음악 연주가를 불러 그들의 연주를 들려줌으로써, 청중에게 오늘의 프레젠테이션에 대한 좋은 인상을 오랫동안 남겨 두려고 한 것입니다. 엄밀히 말하면 윈튼 마살리스는 프레젠테이션에 초대된 뮤지션이기 이전에, 오늘 프레젠테이션의 일부로써 또 다른 섹션을 담당하는 프레젠터인 것입니다. 디즈니의 새로운 CEO 로버트 아이거와 같은 역할을 하는 것입니다. 잡스의 프레젠테이션은 이처럼 모든 면에서 치밀하게 계산되고 기획되어 있습니다.

보너스는 뇌물과는 성격이 다릅니다. 참가자들에게 나눠 줄 그럴듯한 참가 선물을 미리 공지하고, 그것으로 관객을 끌어 모으려는 것은 그리 권장할 만한 방법이 아닙니다. 보너스는 반드시 프레젠테이션의 일부가 되어야 하며, 프레젠테이션 주제와도 어울리는 것이어야 합니다. 그것이 청중이 예상치 못했던 것이라면 더할 나위 없이 좋을 것입니다. 나의 다음 프레젠테이션에 어떤 보너스를 줄 수 있을가를 연구해 보십시오.

Original Speech

여기에 여러분들이 좋아할 만한 오늘의 마지막 순서가 남아 있습니다. 우리는 앙코르를 받았습니다. 매우 대단한 앙코르지요.

우리가 지금까지 치른 모든 행사는 결국 모두 음악에 관한 것임을 스스로에게 상기시키고자 합니다. 이를 위해 세계적인 음악가를 초대하여 그의 연주를 듣는 것보다 더 나은 방법은 없을 듯합니다. 우리는 오늘 매우 운이 좋군요.

그에 대해 간략한 소개를 해 드리겠습니다.

그는 1961년, 여섯 명의 아들 중 둘째로 뉴올리언스에서 태어났습니다. 12세 때부터 본격적으로 트럼펫을 공부하기 시작했고, 18세가 되던 해 줄리아드 음악학교에 입학하기 위해 뉴욕으로 옮겨 갑니다.

지금껏 35장이 넘는 음반을 발표했고, 아홉 번의 그래미상과 한 번의 퓰리처상을 탄 바 있습니다. 지금은 뉴욕에 있는 링컨 센터의 재즈 예술 감독으로 재직 중입니다.

모두 큰 박수와 함께 윈튼 마살리스를 환영해 주십시오.

Well, we've got one last thing today that I know you're gonna love. We've got encore. We've got a great encore.

You know, we wanna remind ourselves at these events that it's all about the music. And there's no better way to that invite the world classic musicians to play for us. And we are so lucky today.

Let me tell you a bit about him.

He was born in 1961 in New Orleans, second of six sons. He began studying the trumpet seriously at age twelve. At age eighteen he moved to New York to attend the Julliard School of music.

And he's since released over 35 albums and won 9 Grammy awards and a Pulitzer Prize. He is the Artistic Director of the incomparable jazz at Lincoln center.

Please, join me and welcome him, Wynton Marsalis.

스티브 잡스의 프레젠테이션

감동적인 마무리를 준비하라

Memorable Closing

이 제 1시간 20분에 걸친 오늘의 프레젠테이션이 모두 끝을 맺습니다. 잡스의 탁월한 프레젠테이션 스킬 덕분인지 80분이나 되는 긴 프레젠테이션이 무척 빨리 지나간 듯한 느낌입니다. 좋은 프레젠테이션은 영화나 드라마처럼 재미있습니다. 그 안에 영화나 드라마에서나 필요할 것 같은 대본, 연출, 주연과 조연, 기술 스태프, 연기, 소품들이 모두 들어 있기 때문입니다.

프레젠테이션의 마무리는 오프닝이나 본론 못지않게 중요합니다. 클로징 타임은 프레젠터에게 가장 중요한 시간이 될 수도 있습니다. 프레젠터인 내가 내 마음대로 사용할 수 있도록 주어진 마지막 시간이기 때문입니다. 이 시간이 지나고 나면 내가 하고 싶은 이야기를 마음 놓고 할 수 없습니다. 또한 클로징 타임은 프레젠테이션이 끝난 후 청중이 오늘의 프레젠테이션을 평가할 때 가장 생생히 기억해 내는 부분입니다. 평가를 하는 시점을 기준으로 보면 가장 최근에 일어난 일이기 때문입니다. 그래서 더욱 특별한 구성과 세심한 주의가 필요합니다.

스티브 잡스의 프레젠테이션은?

"

오늘 프레젠테이션에 참석해 주신
모든 분들께 감사드립니다.
저희가 이 제품을 사랑하는 만큼
여러분도 사랑해 주시길 바랍니다.

"

← 자신의 제품에 대한 사랑과
열정을 그대로 보여 주고 있다

자신이 만든 제품에 대한 사랑과 열정을 가감 없이 그대로 보여 주고 있습니다. 위 사진에 나타난 잡스의 표정을 보면 그가 애플의 제품들에 얼마만한 애정을 지니고 있는지 알 수 있습니다. 그리고 청중에게 요청합니다. 더도 말고 덜도 말고 자신들이 애플의 제품을 사랑하는 것만큼만 우리 제품을 사랑해 달라고 말합니다. 그리곤 그것으로 끝입니다. 더 이상의 긴 이야기를 하지 않습니다.

프레젠테이션 내내 놀라운 화술로 이야기를 풀어가던 것과는 달리 마지막 부분에서는 말을 아낍니다. 왜 잡스는 프레젠테이션의 마지막을 이렇게 단순화 시켰을까요?

클로징을 단순화 시켜라

청중이 지금까지의 프레젠테이션에서 얻은 느낌과 소감이 흐트러지지 않도록 최소한 말을 아끼고 단순화 시켜야 합니다. 다음은 효과적인 클로징을 위해 생각해야 할 몇 가지에 대해 알려드리겠습니다.

🍃 인용구를 활용한다

프레젠테이션 전체의 핵심을 대변할 수 있는 멋진 인용구를 찾으십시오. 그리고 그것을 한 장의 슬라이드로 만들어 주십시오. 이때 멋진 이미지 같은 것을 활용해도 좋습니다. 그 인용구를 통해 나의 핵심 메시지를 다시 한번 강조해 주십시오. 그러면 청중은 마지막 인용구를 오랫동안 기억할 것입니다. 더불어 나의 프레젠테이션도 오랫동안 기억될 것입니다.

🍃 감성적으로 마무리한다

프레젠테이션의 마무리는 가급적 이성적이거나 논리적인 이야기보다는 감성적인 메시지를 사용하십시오. 클로징은 논리적으로 상대를 설득하기에는 너무 늦은 시각입니다. 논리적, 이성적인 설득은 프레젠테이션의 본론 부분에서 모두 끝마쳤어야 합니다. 마지막 순간에는 사람들의 가슴속에 남길 수 있는 여운과 감동의 감성적 메시지를 던지십시오.

✎ 새로운 이야기를 꺼내지 않는다

클로징 타임에 본론에서 이야기하지 않았던 새로운 정보나 메시지를 던지지 마십시오. 클로징은 말 그대로 마무리입니다. 지금껏 이야기한 것들을 정리하여 잊지 않도록 만드는 시간입니다. 클로징에 새로운 메시지나 정보를 내보내게 되면 청중은 혼란스러워 할 것입니다. 또 본론의 이야기와 클로징의 메시지가 뒤섞여 어지러워질 수도 있습니다. 할 이야기가 있다면 그 전에 모두 마치십시오.

이제 잡스의 클로징이 왜 이처럼 단순한가를 이해할 수 있을 겁니다. 우리가 스티브 잡스를 프레젠테이션의 귀재라 부르는 이유는 이런 곳에서도 찾아볼 수 있습니다. 오프닝에서 클로징까지 어느 한 부분이라도 소홀한 곳이나 부족한 곳이 없을 만큼 완벽하기 때문입니다.

소비자에게 체험을 선물하라

66

오늘 소개한 제품들을 직접 체험하실 수 있는
체험관이 밖에 마련되어 있습니다.

99

◀ 신제품을 직접 시연해
볼 수 있는 체험관

지금까지 설명했던 모든 제품들을 직접 시연해 볼 수 있는 체험관을
프레젠테이션 장소에 꾸며 놓고, 청중이 직접 사용해 볼 수 있도록 만
드는 체험관 방식은 이제 애플 신제품 발표회의 매뉴얼처럼 되어 버
렸습니다.

공자가 말하길 들은 것은 금방 잊어버리지만, 눈으로 본 것은 기억하
게 되고, 직접 경험한 것은 이해하게 된다고 했습니다. 프레젠테이션
에서도 마찬가지입니다. 말만으로는 부족합니다. 그래서 청중이 직접
체험할 수 있는 자리를 만드는 것이 중요합니다.

이날도 잡스는 프레젠테이션이 끝난 후 제품을 시연해 보는 청중 사이
를 오가며 직접 설명을 해 주는 세심함을 잊지 않았습니다. 제품의 개
발자이자, 그 회사의 대표로부터 직접 설명을 듣는 청중의 느낌이 어
땠을지는 굳이 설명 드리지 않아도 충분히 이해하실 겁니다.

프레젠테이션의 마무리는 이처럼 관객들의 가슴에 무엇인가를 심어
주는 것으로 끝맺어야 합니다. 이런 중요한 시간을 "지금까지 경청해
주셔서 감사합니다."와 같은 상투적인 인사말로 끝내는 것은 스스로
기회를 차버리는 어리석은 행동이 될 수도 있습니다.

Original Speech

정말 최고이군요.

오늘 프레젠테이션에 참석해 주신 모든 분들께 감사드립니다. 저희가 이 제품을 사랑하는 만큼 여러분도 사랑해 주시길 바랍니다.

오늘 소개한 제품들을 직접 체험하실 수 있는 체험관이 밖에 마련되어 있습니다.

감사합니다. 다음에 또 뵙도록 하겠습니다.

It doesn't get better than that.

Oh, thank you all for coming this morning, and I hope that you love these products as much as we do.

We've got a hands-on area where you can get your hands-on right outside.

And thank you very much. See you soon.

Chapter

24

청중의 눈을 보고 이야기하라

For your eyes only

'For your eyes only'

1981년 개봉되었던 로저 무어Roger Moore 주연의 007 영화 시리즈 중 한 편의 제목입니다. '당신에게만 보여 드릴게요.' 정도로 해석할 수 있 겠지요. 이런 기술은 프레젠테이션에서도 필요합니다.

무대 위에 프레젠터가 있습니다. 그는 분명히 청중을 향해 서 있습니 다. 프레젠테이션 진행 내내 그는 청중 쪽을 바라보고 있습니다. 하지 만 실제로 그 프레젠터는 청중 중의 어느 누구도 보고 있지 않습니다. 그의 시선은 늘 허공을 떠다닙니다. 혹은 프레젠테이션 룸 뒤편의 벽 이나 문, 천장의 전등이나 스피커 등을 보고 말하기도 합니다. 이런 방식으로 시선을 처리하면 청중 중 어느 누구도 이 프레젠터가 나에 게 이야기하고 있다는 생각을 갖기 어렵습니다. 무엇 보다도 프레젠 테이션에서 가장 중요한 프레젠터와 청중의 '연결'이 이루어지지 않 습니다.

그렇다면 청중과 보다 확실한 소통을 하기 위해서 우리는 무엇을 해야 할까요? 무대에 서서 청중을 주시하십시오. 그들의 눈과 이야기 하십시오. 프레젠터가 자신을 향해 있다고 믿을 때 청중은 자연스레 프레젠테이션 속으로 빠져들게 될 것입니다.

아이 컨택트를 해야 하는 네 가지 이유

좋은 프레젠테이션을 하기 위해 프레젠터가 갖춰야 할 스킬은 우리가 생각하는 것보다 훨씬 많습니다. 그 중에서도 가장 중요하고, 기본이 되는 스킬 중의 하나는 아이 컨택트Eye contact입니다. 아이 컨택트는 말 그대로 눈과 눈이 마주치는 것을 의미합니다. 이야기를 하는 동안 청중 중 누군가와 눈을 마주치는 것입니다. 프레젠테이션 도중 프레젠터가 청중과 아이 컨택트를 해야 하는 이유에는 여러 가지가 있습니다.

🍃 인터랙티브 Interactive

프레젠테이션이 갖는 장점 중의 하나는 일방적인 커뮤니케이션이 아니라 상대방의 반응에 따라 현장에서 내용이나 시선을 조절할 수 있는 쌍방형 커뮤니케이션이란 것입니다. 프레젠테이션 내내 프레젠터가 청중에게 일방적으로 메시지를 보내는 것 같지만 실상은 청중도 프레젠터에게 보내는 것이 있습니다. 피드백Feedback, 즉 반응입니다. 프레젠터는 청중의 이런 반응을 살펴가며 프레젠테이션의 속도와 내용을 조절할 수 있어야 합니다. 그러기 위해서는 프레젠테이션 내내 청중에게 관심을 갖고, 그들의 반응을 모니터링할 필요가 있습니다. 청중을 모니터링 할 도구가 바로 아이 컨택트입니다.

커넥션Connection

효과적인 커뮤니케이션이 되려면 이야기를 하는 사람과 듣는 사람이 서로 연결되어야 합니다. 프레젠테이션에서도 프레젠터와 청중이 연결되지 않으면 커뮤니케이션 효과가 반감됩니다. 청중은 프레젠터가 자신에게 이야기하고 있다고 느낄 때 좀 더 많은 관심과 집중을 보입니다. 하지만 자신에게 이야기하는 것이 아니라고 생각되면 프레젠테이션에서 멀어지고 맙니다. '내가 지금 당신에게 말하고 있습니다.' 라는 느낌을 상대에게 심어 주는 가장 좋은 방법은 상대의 눈을 바라보고 이야기하는 것입니다.

진실

상대에게 뭔가를 이야기할 때 상대의 눈을 보고 이야기하지 않으면 진실을 이야기하고 있다는 느낌을 전달하기 어렵습니다. 상대가 나에게 뭔가를 숨기거나 속인다는 의심이 들 때, 우리는 "내 눈 똑바로 보고 이야기해 봐!"라고 말합니다. 눈을 보고는 거짓말을 하기 어렵다는 것을 알기 때문이지요. 마찬가지로 프레젠테이션에서 상대의 눈을 보고 이야기하지 않으면 내 이야기가 진실처럼 들리지 않을 수도 있습니다. 눈을 피한다는 것은 자신이 없거나, 뭔가 숨기고 있거나, 혹은 속이고 있다는 느낌을 전해 주기 때문입니다.

🍃 자신감

아이 컨택트의 장점 중 하나는 그것이 청중을 도와주는 것뿐 아니라 프레젠터인 나를 도와준다는 사실입니다. 무대에 나와 이야기를 하며 청중의 눈을 바라보는 것은 몸에 배기 전까지는 매우 어려운 기술처럼 느껴집니다. 상대의 눈을 보면서 이야기해야 한다는 강박관념을 갖고 그것에 신경을 쓰다 보면, 정작 프레젠테이션 내용이 잘 생각나지 않고 말이 꼬이기 십상입니다.

하지만 조금만 연습하여 아이 컨택트 기술을 몸에 익히고 나면, 상대의 눈을 바라보며 이야기하는 것이 나에게도 커다란 자신감과 편안함을 준다는 것을 깨닫게 됩니다. 일단 이 기술을 익히고 나면, 이제는 눈을 보지 않고 허공에 대고 이야기하는 것이 더 어렵고 어색하다는 것을 알게 될 것입니다.

아이 컨택트에 적용되는 다섯 가지 원칙

이와 같은 이유로 프레젠터는 프레젠테이션 내내 아이 컨택트를 유지한 상태로 진행해야 합니다. 그런데 여기에 한 가지 문제가 있습니다. 프레젠터는 한 명이고 청중은 많다는 점입니다. 보긴 보되, '누구를 얼마만큼 바라봐야 하는가?'의 문제가 남습니다. 이런 문제와 관련해서 아이 컨택트에는 몇 가지 중요한 원칙이 있습니다.

🍃 한 사람에게 하나의 메시지

한 사람에게 하나의 메시지를 마칠 때까지 아이 컨택트를 유지하는 이른바 'One message per one person' 입니다. 프레젠테이션 도중 상대방의 눈을 보고 이야기한다고 해도, 아이 컨택트의 대상이 지나치게 자주 바뀌면 효과를 나타내지 못합니다. 청중의 모니터링도 안 될 뿐 아니라 청중과의 커넥션도 이루어지지 않습니다. 그렇다고 한 사람을 너무 오랫동안 바라봐도 문제가 생길 수 있습니다. 그 사람이 부담스러워하는 것은 물론 나머지 사람들이 소외될 수 있기 때문입니다. 그래서 하나의 메시지를 한 사람에게 아이 컨택트를 유지한 채 마치고, 다음 메시지를 다음 사람에게 아이 컨택트를 하면서 이야기하는 것이 좋습니다.

대개의 경우, 하나의 문장이 하나의 메시지가 됩니다. 하지만 문장이 길거나 복문, 중문 등의 형태를 갖추고 있을 때는 한 문장 안에 몇 개의 메시지가 들어가기도 합니다. 문장의 내용과 구성, 길이 등을 잘 생각해 보면 어디까지 한 사람에게 아이 컨택트를 하고 말해야 할 'One Message' 인지 알 수 있을 것입니다.

🍃 Mr. Big에게 초점을 맞추어라

프레젠테이션에 참석한 청중 중에는 의사 결정과 관련해서 더 중요한 사람과 덜 중요한 사람이 있습니다. 이 프레젠테이션의 결과에 가장 중요한 영향을 미칠 수 있는 사람을 'Mr. Big'이라고 부릅니다. Mr. Big에게는 다른 사람보다 조금 많은 아이 컨택트를 유지할 필요가 있습니다. 그를 잡는 것이 가장 중요하기 때문입니다. 뿐만 아니라, 프레젠테이션 내용에 따라서도 아이 컨택트의 대상이 달라질 수 있습니다. 영업에 관한 이야기라면 영업 담당자에게, 기술에 관한 것이라면 기술 담당자에게 아이 컨택트를 유지하고 말하는 것이 훨씬 효과적일 것입니다.

● 그룹핑을 통한 컨택트

청중의 숫자가 많은 경우에는 그룹핑을 통해 아이 컨택트를 합니다. 잡스의 프레젠테이션처럼 수천 명을 모아 놓고 하는 프레젠테이션이니, 수백 명의 청중이 참석하는 프레젠테이션에서는 청중을 한 명 한 명 일일이 바라볼 수 없습니다. 그러나 이런 상황에서도 아이 컨택트는 반드시 필요합니다. 그래서 생각할 수 있는 기술이 클러스터Cluster, 즉 몇 개의 묶음을 통한 그룹 아이 컨택트입니다. 대규모의 청중을 놓고 프레젠테이션 할 때는 이런 것을 생각하십시오.

무대에서 가까운 곳에 앉아 있는 청중은 한꺼번에 3~5명을 아이 컨택트할 수 있습니다. 즉 한 명을 바라보면 그 주변의 3~5명이 모두 자기를 본다고 느끼게 됩니다. 중간 자리에는 10~15명 정도가 아이 컨택트를 받는다고 느낍니다. 뒷자리에 있는 청중은 한번에 20~30명을 아이 컨택트 할 수 있습니다. 이런 식으로 대규모의 청중도 아이 컨택트가 가능합니다.

🖋 자연스러운 시선 이동

시선의 이동을 자연스럽게 하는 것입니다. 프레젠테이션에 참석한 청중 모두에게 골고루 아이 컨택트를 한다고 해도 시계 방향 혹은 반시계 방향 등 앉아 있는 순서대로 이루어진다면 부자연스럽게 보일 것입니다. 그래서 아이 컨택트는 차례대로가 아니라 무작위로 할 필요가 있습니다. 왼쪽 오른쪽, 앞쪽 뒤쪽 등을 넘나들며 자연스러운 시선의 이동을 만들어가야 합니다.

하지만 프레젠터는 지난번에 누구를 보았고, 누구를 보지 않았는지를 기억하고 있어야 합니다. 그래서 프레젠테이션 도중 나와 커넥션이 이루어지지 않은 사람이 없도록 만들어 주는 것이 중요합니다.

🖋 스크린보다 청중을 보아라

스크린과 청중 간의 적절한 시선 배분이 필요합니다. 가장 좋은 방법은 완벽한 리허설을 통해 나의 프레젠테이션 내용을 모두 외우다시피 하여 스크린은 하나도 보지 않고, 오직 청중만 바라보면서 프레젠테이션을 진행하는 것입니다. 하지만 현실적으로 모든 프레젠테이션에서 발표 내용을 모두 외우는 것은 불가능한 일입니다. 따라서 어쩔 수 없이 스크린을 보고 이야기할 내용을 파악한 후 이야기를 진행하는 경우가 생깁니다. 그러나 내가 설득하려는 대상이 스크린이 아닌 다음에야 가급적 스크린보다는 청중을 많이 보고 이야기해야 합니다. 어쩔 수 없이 스크린을 보더라도 그 비율은 낮을수록 좋습니다.

프레젠터는 청중의 눈을 보며 프레젠테이션 합니다. 청중은 프레젠터인 '나'와 '내가 보여 주는 슬라이드'를 보며 프레젠테이션을 듣습니다. 이런 방식으로 진행해야 청중을 나의 프레젠테이션으로 끌어들일 수가 있습니다. 결국 프레젠테이션의 전달자와 수용자 양 쪽 모두에게 누군가를 바라보고 있는 '눈'이 중요합니다. 모든 청중으로 하여금 프레젠터가 자기만 보고 이야기한다는 느낌을 만들어 주어야 합니다. 바로 'For your eyes only' 입니다.

파워포인트를 다시 생각한다

Death by PowerPoint

매일 전 세계에서 이루어지는 3,000만 건 이상의 프레젠테이션은 대부분 마이크로소프트가 개발한 파워포인트를 이용해서 이루어지고 있습니다. 이른바 'Microsoft 방식'이 프레젠테이션 세상을 지배하고 있는 것이지요. 그러나 불행하게도 파워포인트를 이용한 프레젠테이션은 지나치게 틀에 얽매어 있습니다. 예전과 비교해 보아도 그다지 발전되지 않았습니다. 적어도 우리나라에서는 그렇습니다.

왜 이런 현상이 생기는 것일까요?

파워포인트는 원래 마이크로소프트가 개발한 제품이 아닙니다. 1987년 미국 캘리포니아에 있는 Forethought Inc.라는 회사가 애플의 매킨토시 컴퓨터 유저들을 위해 '프레젠터'라는 프레젠테이션 전용 소프트웨어를 개발합니다. 그 후 마이크로소프트가 이 회사를 인수하여 윈도우용 파워포인트를 개발했고, 1990년 파워포인트의 첫 버전이 발표되었습니다.

파워포인트 이후 세상은 많이 달라졌습니다. 비록 마이크로소프트가 파워포인트를 처음 개발하지는 않았지만, 그들은 제목과 본문, 글머리 기호로 이루어진 파워포인트 슬라이드 방식을 만들었습니다. 그리고 이런 방식이 현재 프레젠테이션 세상을 지배하게 되었습니다. 그러나 한편으론 많은 프레젠테이션 전문가들이 파워포인트를 이용한 정형화된 프레젠테이션의 문제점을 지적하고 있습니다.

그들은 파워포인트가 프레젠테이션을 방해한다는 이른바 'Death by PowerPoint' 현상에 대해 이야기합니다. 그런데도 마이크로소프트의 중역들이 나서는 프레젠테이션에서는 아직도 이런 방식이 사용되고 있습니다. 아마도 마이크로소프트는 이 방식을 계속 고수할 생각인가 봅니다. 그렇다면 'Microsoft 방식'의 프레젠테이션이 지닌 문제점은 무엇일까요?

대략 다음과 같이 요약할 수 있습니다.

1. 불필요하게 긴 프레젠테이션 시간
2. 단조로운 톤으로 슬라이드를 읽어 내려가는 프레젠터
3. 그래픽 요소 없이 평범한 텍스트로만 가득 찬 슬라이드
4. 모든 텍스트마다 애니메이션과 소리가 담긴 슬라이드
5. 너무 작고, 읽기도 어려운 내용으로 꾸며진 슬라이드

Microsoft Press가 출간한 《Beyond Bullet Points》란 책이 있습니다. 글머리 기호방식의 프레젠테이션 도구인 파워포인트를 만든 마이

크로소프트의 계열사가 이런 타이틀의 책을 출간했다는 것은 아이러니합니다.

↟ 마이크로 소프트 계열사에서 출간한
《Beyond Bullet Points》

저자인 클리프 앳킨슨Cliff Atkinson은 "파워포인트의 글머리 기호는 프레젠터와 청중 사이에 장애물을 만든다."라고 말합니다. 그의 말이 맞습니다. 한 줄의 제목과 몇 개의 글머리 기호로 이어지는 파워포인트 슬라이드는 프레젠테이션을 정형화시키고, 딱딱하게 만들어 재미없을 뿐 아니라 청중을 혼란스럽게 만듭니다.

앳킨슨은 한 장의 슬라이드에 여러 가지 요소를 나열하는 방식 대신 스토리텔링의 기법을 사용할 것을 권합니다. 또한 발표자가 자신의 스토리를 말하는 동안 그것을 보조해 줄 비주얼로서 슬라이드를 단순화하여 보여 줄 것을 권합니다. 이런 방법은 공학이나 회계 등의 기술적이고 복잡한 내용을 다루는 프레젠테이션에서도 사용될 수 있다고 말합니다.

마이크로소프트의 'your potential'이란 웹사이트의 인트로 플래시는 이렇게 말합니다.

"we stand in awe of your potential"
우리는 당신의 가능성을 소중히 생각합니다.

과연 마이크로소프트가 제공하는 파워포인트 템플릿, 내용 마법사 등이 사람들을 더 창의적으로 만들어 줄까요? 파워포인트의 제작사인 마이크로소프트의 최고 경영자가 직접 나서는 프레젠테이션은 파워포인트의 우월성을 입증해 보이는 것이어야 할 것입니다. 하지만 그들이 이런 프레젠테이션을 한다면 누가 파워포인트를 최상의 프레젠테이션 도구라고 믿어 줄까요? 마이크로소프트의 어느 직원이 좀 더 차별화되고, 창의적이고, 효율적인 제품을 개발하려고 노력할까요? 이런 'Microsoft 방식'은 그들의 최근 프레젠테이션에서도 잘 나타납니다. 물론 추천할 만한 방식은 아닙니다. 오히려 세스 고딘 Seth Godin 이 지적한 'Really Bad PowerPoint'의 예가 될지도 모릅니다.

많은 프레젠테이션의 프로들이 'Microsoft 방식'의 프레젠테이션에 이의를 제기합니다. 마이크로소프트의 개발자 중에도 이런 문제를 지적하는 사람이 있습니다. 하지만 변화는 더디게 진행됩니다. 아직 마이크로소프트의 최고 경영자들마저 파워포인트를 전형적이고 비효과적인 방식으로 사용하고 있습니다.

마이크로소프트의 기술담당 최고 임원인 CTO Chief Technology Officer 레이 오지 Ray Ozzie 의 슬라이드도 철저하게 'Microsoft 방식'을 따르고 있습니다. 제목과 본문으로 나누어진 레이아웃도 그렇고, 여러 개의 글머리 기호로 이루어진 본문도 그렇습니다. 너무 많은 것을, 너무 일반적인 방법으로 제시하고 있습니다. 마이크로소프트는 아직도 예전과 다름없이 감동적이지 못하고, 지극히 전형적인 파워포인트 슬라이드를 고수하고 있습니다.

절제와 생략을 기본으로 꾸며지는 일본식 정원 디자인의 대부인 코이치 가와나 Koichi Kawana 박사는 이런 점을 이야기합니다.

"핵심을 살리려면 덜 중요한 것들을 제거해야 한다.
디자이너들은 숨기고, 감추는 것의 미학을 지켜야 한다.
모든 것을 보여 주려고 하면, 결국 모든 것을 잃고 말기 때문이다."

단순하면서도 절제된 프레젠테이션 슬라이드를 만들려면 매 작업마다 아래와 같은 질문을 해 보십시오.

＿ 이 슬라이드에서 전달해야 할 핵심 메시지는 무엇일까?

＿ 슬라이드 안에 불필요한 요소는 없는가?

＿ 이 슬라이드에서 청중에게 무엇을 남겨야 할까?

슬라이드 안에 프레젠테이션의 모든 것을 담을 필요는 없습니다. 이런 방식으로는 청중의 머릿속에 핵심을 심어 줄 수 없습니다. 대신 전달하려는 메시지의 핵심을 적절한 비주얼과 언어를 사용하여 전달하면 아이디어가 분명히 드러나고, 명확히 전달됩니다. 이런 방식이 기존의 파워포인트 슬라이드보다 훨씬 강력한 효과를 가져다줄 것입니다.

저는 프레젠테이션 스킬 교육을 진행하면서 만나는 교육생들에게 파워포인트에 대해 이런 이야기를 해 줍니다. 적어도 90% 이상의 프레젠터들이 모두 귀 담아 들어야 할 내용일 수도 있습니다.

_ 파워포인트를 어떻게 (혹은 언제) 사용하는지를 배우십시오.

_ 파워포인트 강사가 아닌 프레젠테이션 프로에게 배우십시오.

_ 다양한 형태로 실전에 적용해 보고, 체험을 통해 배우십시오.

이런 모든 논란과 지적에도 불구하고 파워포인트가 프레젠테이션을 망치고 있다는 주장에 대해서 저는 기본적으로는 동의하지 않습니다. 그것은 마치 자동차 사고가 났을 때 운전자, 정비 불량, 도로상황 등은 생각하지 않고 자동차만 탓하는 것과 같기 때문입니다. 파워포인트는 날이 잘 서 있는 칼과 같습니다. 요리의 프로들은 그 칼을 자르고, 다지고, 벗기고, 썰고, 저미는 등 다양한 용도로 사용하지만, 그것을 잘 다룰 줄 모르는 아마추어에게 들려지면 위험할 수 있습니다. 자칫 잘못하면 자기 칼에 자신의 손이 베일 수도 있습니다. 마찬가지로 파워포인트란 도구도 잘못 사용했을 때 나의 프레젠테이션을 망치는 도구로 사용될 수 있는 것입니다.

특이한 복장과 전략으로 유명한 유럽의 컨설턴트 리더스트랄Ridderstrale 과 노드스톰Nordstorm은 그들의 저서인 《펑키 비즈니스Funky Business》에서 이렇게 말합니다.

"평범한 방법으로는 아무 데도 갈 수 없다."

앞으로 프레젠테이션에 파워포인트를 쓰지 말라고 말씀 드리지는 않겠습니다. 그렇다고 남들이 하는 일반적인 방식과 외형적으로만 다른

'차별화를 위한 차별화'를 채택하라고 말씀 드리고 싶지도 않습니다. 다만 전형적이고 평범한 방법에서 멀리 벗어날수록 나의 프레젠테이션은 효과적이고, 차별화되고, 기억에 남게 된다는 점을 알려 드리고 싶습니다. 마이크로소프트는 지루한 파워포인트 프레젠테이션 스타일을 아직 견딜 만한지 모르겠지만, 여러분이나 저를 포함한 모든 프레젠터와 우리의 청중은 그렇지 않으니까요. 우리에겐 그 이상의 것이 필요합니다.

스티브 잡스와 빌 게이츠의
프레젠테이션

Steve Jobs & Bill Gates

세상을 지배하고 있는 두 사람의 '컴퓨터 천재'가 있습니다. 마이크로소프트의 빌 게이츠와 애플의 스티브 잡스가 바로 그들입니다. 마이크로소프트의 사이트에 가보면 CEO인 스티브 발머Steve Ballmer나 회장인 빌 게이츠의 프레젠테이션 파일과 동영상 등을 쉽게 만날 수 있습니다.

한편 애플의 사이트에는 스티브 잡스의 키노트 프레젠테이션 동영상이 올라와 있습니다. 두 사람의 프레젠테이션은 스타일, 슬라이드, 사용하는 소프트웨어까지 판이하게 다른 길을 가고 있습니다. 그래서이 두 '컴퓨터 천재'들의 프레젠테이션이 어떻게 다른지를 살펴보는 것도 의미가 있다고 생각합니다.

우선 이 챕터를 읽기 전 빌게이츠의 프레젠테이션 동영상을 보십시오. 그의 제스처와 슬라이드 등을 확인하신 후 잡스와 비교해 보면 분명 차이점을 발견하게 될 것입니다.

마이크로소프트 홈페이지 속에 빌게이츠 홈페이지가 있습니다. 그곳에서 연도별 *동영상과 다양한 파워포인트 열람이 가능합니다.
(주소 : http://www.microsoft.com/billgates/speech.asp)

먼저 빌 게이츠의 프레젠테이션을 보겠습니다.

빌 게이츠는 자신의 프레젠테이션을 도와주는 프레젠테이션 코치와 비디오 카메라를 이용해서 프레젠테이션 리허설을 하는 것으로 알려져 있습니다. 하지만 불행하게도 그는 말할 때마다 손가락을 세워 가슴 위에 놓거나, 두 손을 깍지껴 가슴 언저리에 놓는 버릇을 가지고 있습니다. 이것 때문에 때로는 불안해 보이기도 합니다. 그 모습이 마치 코믹 만화 심슨스Simpsons에 등장하는 미스터 빈Mr. Burns처럼 보인다고 몇몇 언론이 지적하기도 했습니다. 반면에 잡스의 양 손은 훨씬 넓게 열려 있습니다. 그래서 제스처를 사용할 때도 더 자연스러워 보이고 편안해 보입니다.

이번에는 슬라이드의 내용을 살펴보겠습니다.

빌 게이츠가 디지털 라이프스타일에 대해 설명을 하고 있습니다. 많은 이미지와 텍스트가 스크린에 보입니다. 빌 게이츠의 슬라이드에는 대체로 짧은 키워드보다는 이처럼 다양한 텍스트들이 나타납니다. 그래픽의 애니메이션을 통해 청중에게 무엇을 먼저 보고, 무엇을 나중

★ 더 자세한 빌 게이츠의 프레젠테이션을 보려면 CES에 올려진 '빌 게이츠 CES 기조 연설' 동영상을 참고하세요.
http://metahost.savvislive.com/microsoft/20060104/ces_billgates_keynote_20060104_300.asx

에 보아야 할지를 알려 줍니다. 하지만 그것이 이 슬라이드의 커뮤니케이션 우선순위와 같을까요? 이미지가 나타나는 순서대로 중요한 것일까요? 문제는 커뮤니케이션의 핵심이 무엇인지 드러나지 않는다는 사실입니다.

스티브 잡스라면 이 슬라이드를 최소한 세 장 이상으로 나누었을 것입니다. 그리고 각 페이지마다 핵심적인 키워드만을 보여 주었을 것입니다. 색상은 더 절제되었을 것이고, 글머리 기호 같은 것은 사용하지 않았을 것입니다.

이번에는 스티브 잡스의 프레젠테이션을 살펴보겠습니다.

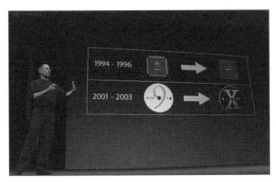

◀ 핵심적인 키워드만을
보여 주는 잡스의 슬라이드

이 사진은 잡스가 2005년 'WWDC Worldwide Developers Conference' 세미나에서 사용했던 슬라이드의 일부입니다. 프로그램 개발자들에게 애플의 CPU를 기존의 IBM Power PC RISC 칩에서 인텔칩으로 변경한다는 내용을 발표하고 있습니다. 애플이 매킨토시 PC에 인텔칩을 장착하기 위해 연도별로 어떻게 준비해 왔는지를 한눈에 알아볼 수 있습니다.

잡스는 이 내용을 설명하면서 이미 오래 전부터 비밀리에 모든 OS X (마이크로소프트의 윈도우처럼 애플 컴퓨터를 움직이는 OS 프로그램의 명칭)에 인텔칩을 사용하는 버전을 동시에 개발해 왔음을 말하고 있습니다. 그래서 지금부터 인텔칩을 사용한다는 것이 별로 대수롭지 않은 일이라고 말합니다. 객석에선 웃음과 박수가 터져 나옵니다. 인텔에게 굴복한 것이 아니라는 이야기겠지요. 어쩌면 이런 것이 애플의 자존심일지도 모릅니다.

← 빈 화면을 통해 프레젠터에게
집중할 수 있도록 한다

잡스의 프레젠테이션에는 이처럼 스크린에 아무것도 없는 '적절한 어둠'이 자주 등장합니다. 뭔가 스토리를 이야기할 때면 스크린은 어김없이 이런 상태가 됩니다. 재즈 거장들의 진가는 악보에 없는 애드리브 연주 부분에서 발휘됩니다. 악보와 악보 사이의 막간이 하이라이트가 되는 거지요.

프레젠터의 진가 역시 스크린에 아무것도 없는 'No Slide' 상태에서 발휘됩니다.

때로는 스크린에 아무것도 없는 것이 뭔가 있는 것보다 훨씬 강한 주목을 만들어 냅니다. 대다수의 프레젠터가 사용하는 슬라이드는 청중을 위한 것이라기보다는 프레젠터 자신을 위한 것입니다. 뭔가 가득 찬 슬라이드는 커닝 페이퍼가 되고, 버팀목이 되고, 안전장치가 됩니다. 우리는 스크린에 아무것도 없는 상태를 두려워합니다. 그렇게 하면 보고 읽을 줄거리가 없어지기 때문입니다. 그리고 청중의 시선이 스크린이 아니라 자신을 향하기 때문입니다.

프레젠터로서 잡스의 가장 큰 장점은 명쾌하다는 것입니다. 이야기의 흐름을 방해하는 미사여구나 수식어도 거의 없습니다. 잡스는 프레젠테이션에 파워포인트를 쓰지 않습니다. 대신 애플의 키노트_{Keynote}란 프로그램을 사용합니다. 하지만 그가 어떤 프로그램을 사용하느냐는 중요한 것이 아닙니다. 파워포인트도 충분히 훌륭한 프로그램이기 때문이지요.

잡스의 프레젠테이션은 항상 슬라이드보다 설명이 앞서 갑니다. 다시 말해, 많은 프레젠터들이 하는 것처럼 슬라이드를 띄워 놓고 그것을 보면서 '읽어 나가는 방식'이 아니란 것입니다. 항상 슬라이드가 그를 따라옵니다. 대부분의 내용은 이야기를 통해 전달됩니다. 슬라이드에는 키포인트만 잠깐 보일 뿐입니다. 한 장의 슬라이드에는 오직 한 장의 이미지, 한 단어, 한 문장뿐입니다.

지금까지 마이크로소프트 스타일과 애플 스타일의 프레젠테이션을 간략하게 비교해 보았습니다. 두 가지 프레젠테이션에서 우리가 얻을 수 있는 교훈은 대략 다음과 같습니다.

🍎 메시지를 가급적 단순화 시킨다

프레젠테이션에서 단순화는 매우 중요합니다. 슬라이드를 꾸밀 때 어떻게 하면 최소의 비주얼로 최대의 효과를 거둘 수 있는가를 생각해 보십시오. 앞서 말한 일본식 정원 디자인의 대가인 가나와 박사는 "단순화란 최소의 도구로 최대의 효과를 만들어 내는 것이다."라고 말했습니다. 잡스와 게이츠의 프레젠테이션 슬라이드를 통해 어느 쪽이 단순화의 힘을 잘 활용하고 있는가를 살펴보십시오. 단순화란 결국 생략과 삭제를 통해 이루어집니다.

🍎 자연스러운 구성과 진행을 생각한다

자연스러움이란 지나치게 꾸미거나 가공되지 않은 것을 말합니다. 절제의 미학이라고 할 수 있습니다. 재능 있는 재즈 뮤지션들의 연주를 들어 보면 어느 특정 파트가 너무 두드러지지 않도록 조화를 이룹니다. 연주하는 내내 음악 속에서 자신의 영역을 절제하여 지켜 나갑니다. 프레젠테이션 슬라이드를 만들 때에도 특정한 청중에게 특정한 메시지를 전달하는 데 꼭 필요한 최소한의 요소만을 사용하는 것이 좋습니다. 절제라는 것은 결코 쉽지 않은 작업입니다. 하지만 절제하며 조화를 이루는 작업이야말로 자연스런 진행을 할 수 있도록 도와줍니다.

🍃 청중을 이해시켜야 한다

결국 빌 게이츠의 프레젠테이션에 참석한 사람들의 대부분이 결론이 무엇인지를 잘 모르고 돌아갔습니다. 빌 게이츠와 마이크로소프트는 스티브 잡스와 애플에게 프레젠테이션에 대해 무언가를 배워야 할 것 같습니다. 잡스의 예술 같은 프레젠테이션은 그저 보는 것만으로도 많은 것을 배울 수 있습니다. 물론 모든 사람이 잡스의 견해, 결론, 예측에 동의한다고 할 수는 없습니다. 하지만 적어도 그의 이야기가 무엇인지 이해하지 못한 사람은 아무도 없을 것입니다.

🍃 보이지 않는 장애를 제거한다

메시지가 명확하게 전달되었는가, 한 장의 슬라이드에 너무 많은 것을 담아 청중을 괴롭히지는 않았는가 등의 문제는 일단 뒤로 미뤄 놓겠습니다. 그러나 여전히 빌 게이츠는 수백만 명의 파워포인트 유저들처럼 파워포인트를 메시지 전달의 도구로 사용하지 못하고 있습니다. 오히려 그들의 파워포인트는 메시지 전달을 방해하고 있습니다. 프레젠터를 도와주지 못하는 슬라이드는 내가 전달하려는 의미나 나와 청중의 커넥션을 방해하게 될 뿐입니다.

결국 좋은 프레젠테이션은 다음과 같은 요소를 골고루 갖춰야 합니다.

_ 단순화

_ 치밀함

_ 간결함

- 함축성
- 자연스러움
- 여백E
- 편안함
- 삭제

지금까지 살펴본 바와 같이 두 사람의 프레젠테이션 스타일과 프레젠테이션 슬라이드는 많이 다릅니다. 그들의 최근 프레젠테이션 슬라이드를 비교해 봄으로써 우리는 많은 것을 얻을 수 있습니다. 평범하고 뻔한 방법과 단순하고 효과적인 방법의 차이에 대해 생각해 보았습니다. 하지만 이 비교는 어느 한 편을 비난하려는 것이 아니라, 양자를 비교해 봄으로써 새로운 무언가를 배우려고 하는 것입니다.

빌 게이츠냐 스티브 잡스냐는 중요하지 않습니다. 어느 편을 따르는 것이 나의 프레젠테이션에 도움이 될 것인가를 생각하십시오. 이것이 두 사람의 프레젠테이션을 비교해서 보여 드리는 저의 목적입니다.

프레젠테이션에서는 청중에 대한 작은 배려가 큰 차이를 만들어 냅니다. 슬라이드에 이야기할 내용을 모두 적어 놓고, 그것을 보며 설명을 하는 것은 '프레젠터 중심'의 방법입니다. 하지만 간결한 키워드, 키비주얼을 띄워 놓고 스토리를 풀어가는 것은 '청중 중심'의 방법입니다. 전자보다 후자가 당연히 효과적입니다. 하지만 전자에서 후자의 방법으로 옮겨가는 데는 많은 준비와 연습이 필요합니다.

슬라이드의 구성을 잘한다고 해서 약한 메시지가 강해지는 것은 아닙니다. 하지만 잘못 구성된 슬라이드는 강력한 메시지마저도 약화시키거나, 완전히 망쳐버릴 수 있다는 사실을 기억하십시오. 또한 파워포인트는 문서 작성을 위한 소프트웨어가 아니라 슬라이드 제작을 위한 도구임을 잊지 마십시오. 나의 프레젠테이션 슬라이드를 '문서'가 아니라 진짜 '슬라이드'처럼 만드십시오.

세상에 너무 많은 리허설이란 없다

You can never over-rehearse

잡스의 프레젠테이션은 항상 많은 후담을 남깁니다. 그의 신봉자들은 인터넷, 블로그, 이메일 등을 통해 잡스의 프레젠테이션을 세계 각지로 퍼 나릅니다. 일부 열성 지지자들에게 잡스는 록스타처럼 보이기도 하고, 그의 프레젠테이션은 종교처럼 느껴집니다. 아무리 생각해 보아도 잡스는 정말 훌륭한 프레젠터인 것 같습니다. 명쾌하게 설명하고, 완벽하게 이해시키고, 청중을 사로잡고, 재미있기까지 하니까요. 하지만 무엇보다 높이 살 만한 것은, 그는 철저한 준비를 통해 완벽을 추구한다는 사실입니다.

↑ 세심한 부분까지 철저하게
준비하는 것이 필요하다

애플이 중요한 행사나 신제품 발표회 등을 앞두고 있으면 모두들 바빠집니다. 잡스의 소집령이 떨어지기 때문입니다. 물론 프레젠테이션 리허설을 위한 소집입니다. 언젠가 잡스의 소집명을 받고 프레젠테이션 리허설에 참석했던 애플 스토어의 한 매니저는 현장에 도착한지 4시간이 지나서야 잡스가 자신이 참석한 것을 알아보더라는 말을 한 적이 있습니다. 그렇게 많은 사람이 리허설에 동원됩니다. 잡스는 프레젠테이션이 실시될 현장을 미리 방문하여 반드시 점검을 합니다. 그만큼 프레젠테이션 준비에 많은 정성을 기울입니다. 리허설의 중요성을 잘 알기 때문이지요.

우리는 왜 리허설을 피하려고 하는가?

많은 프레젠터들이 입으로는 리허설의 중요성을 말하지만 실상은 리허설을 거의 하지 않습니다. 안 하는 것뿐 아니라, 어떻게든 리허설을 피하려고 안감 힘을 씁니다.

어떤 사람들은 "리허설은 프레젠테이션의 창의성을 깎아내리고, 로봇과 같은 프레젠터를 만들어 낸다."고 말하며 프레젠테이션 리허설의 문제점을 지적합니다. 그러나 반대로 어떤 이들은 "아직 리허설을 할 준비가 안 되어서 리허설을 할 수 없다."고 말합니다. 누구의 말을 믿어야 할까요?

우선 첫 번째, 주장에 대해 이야기해 보겠습니다.

프레젠테이션 리허설이 단순히 내가 이야기할 내용을 토씨 하나 틀리지 않고 말할 수 있도록 암기하는 것이라면 그 말이 맞을 수도 있습니다. 하지만 리허설의 진짜 이유는 다른 데에 있습니다. 내용에 대해 완벽할 정도로 숙지를 하고 있어야 프레젠테이션 현장에서 내용이 아닌 그 밖의 중요한 것들을 생각할 수 있기 때문입니다. 내용의 전달에 대한 부담감이 없어야 청중의 반응을 살펴가며 프레젠테이션을 할 수 있습니다. 또한 현장에서 벌어질지도 모르는 다양한 상황에 대처할 수 있는 여유를 가질 수 있습니다. 우리가 리허설을 하는 진짜 이유는 프레젠테이션에서 프레젠터의 심경을 발표할 내용이 아니라, 가장 중요한 청중에게 집중하기 위한 것임을 잊지 마십시오.

다음은 두 번째, 이야기에 대한 반론입니다.

리허설을 한다는 것은 아직 완벽하지 않다는 것을 의미하기도 합니다. 아직 준비가 덜 되었기 때문에 더 준비하기 위한 것입니다. 이미 준비가 끝났다면 리허설은 필요 없습니다. 따라서 준비가 덜 되어서 리허설을 할 수 없다는 말은

▲ 리허설은 언제나 부족하다

옳지 않은 것입니다. 리허설 자체가 곧 준비의 과정이기 때문입니다.

특히 프레젠테이션의 리허설은 묘한 속성을 지니고 있습니다. 프레젠테이션을 앞두고 리허설을 100번 한다면, 마지막 100번째 리허설에서도 반드시 고쳐야 할 부분이 발견됩니다. 그렇다고 배짱 좋게 한 번도 리허설을 하지 않고 무대에 오른다면 100번의 리허설에서 발견된 모든 문제점들이 고스란히 드러나겠지요? 문제는 그것이 드러나는 시간입니다. 리허설을 하지 않으면 문제점들이 고칠 수 없는 순간에 드러나게 됩니다. 하지만 리허설을 한다면 수정할 수 있는 시간을 어느

정도는 벌수 있을 것입니다.

리허설을 하는데 특별한 법칙은 없습니다. 상황에 따라 적절한 방법으로 리허설을 하면 됩니다. 하지만 리허설에 대해 단 한 가지의 법칙이 있다면 바로 이것일 것입니다.

"세상에 너무 많은 리허설이란 없다."

왜 프레젠테이션을 준비할 때마다 꼭 하루가 부족할까?

우리는 대체로 프레젠테이션 D-day 전날 밤까지도 프레젠테이션의 콘텐츠를 꾸미고 수정하는 데 매달립니다. 항상 보면 준비하는 데 꼭 하루가 모자랍니다. 실제로 많은 프레젠터들이 리허설을 하지 못하는 이유는 리허설을 할 만한 시간이 없기 때문입니다. 매번 프레젠테이션 때마다 이렇게 되는 이유가 있습니다. 프레젠테이션 준비 기간의 초반에 너무 많은 시간을 허비하기 때문입니다.

우리는 프레젠테이션 준비의 첫 단계로 각종 자료와 데이터들을 수집합니다. 어디에 어떻게 쓸 것인지는 생각지 않고 관련 있다고 생각되는 모든 것들을 수집합니다. 당연히 시간도 많이 소요되고, 노력도 많이 필요합니다. 쌓여가는 자료를 보면서 안심이 됩니다. 자료가 많아지면 뿌듯해집니다. 하지만 이런 것을 생각해 보십시오. 내가 그렇게 공들여 모은 자료 가운데 프레젠테이션의 마지막 원고에 사용된 자료가 얼마나 될까요? 많이 잡아봐야 절반이 안 됩니다. 대개는 10~20%

밖에 사용하지 않습니다. 다시 말해 80~90%의 자료는 쓸데없는 것이었습니다. 그런데 그것을 모으느라 소중한 시간을 빼앗깁니다.

이제 프레젠테이션 자료를 준비할 때, 다음 3단계를 생각해 보십시오.

1단계 청중을 분석한다

오늘 나의 프레젠테이션에 참석할 청중이 누구이고, 그들이 이 프레젠테이션과 관련해서 어떤 지위와 힘을 가지고 있는지, 그들이 아는 것은 무엇이고 모르는 것은 무엇인지, 그들은 어떤 스타일의 프레젠테이션을 좋아하는지, 또 그들이 프레젠테이션에서 듣고 싶어 하는 이야기는 무엇인지, 그들의 관심사는 어디에 있는지 등을 낱낱이 파악합니다. 청중에 대해 가급적 많은 방법과 사람을 동원해서 정보를 입수하십시오. 상대가 누군지에 대한 정보를 많이 가지고 있을수록 그 사람을 설득할 가능성이 높아집니다. 그 사람이 무엇을 좋아하고, 무엇을 생각하는지를 모른다면 설득이란 결코 쉬운 일이 아닙니다.

2단계 프레젠테이션의 목적을 설정한다

내가 무언가를 했는데 아무것도 달라지는 것이 없다면 그것이 효과적이었다고 보기 어려울 것입니다. 마찬가지로 프레젠테이션이 끝났는데도 아무것도 달라지지 않았다면 그 프레젠테이션은 효과적이지 못한 것입니다. 프레젠테이션의 목적은 무언가 달라지게 만드는 것입니다. 프레젠테이션이 끝나고 난 후 참석한 청중의 생각, 느낌, 행동을 어떻게 바꿔 놓을 것인가를 생각해 보십시오. 프레젠테이션을 듣고 나서도 처음 가졌던 생각이나 느낌이 별로 달라지지 않는다면 그 프레젠테이션은 실패입니다. 이것이 우리가 프레젠테이션을 하는 진짜 이유입니다.

3단계 프레젠테이션에 필요한 자료를 수집한다

위 두 단계의 작업을 통해서 내가 설득할 사람이 누구이고, 그들에게 무엇을 하려고 하는지를 알았습니다. 이제 그런 사람들에게 그런 목적을 달성하는 데 필요한 자료를 수집하면 됩니다. 이렇게 해야 그들을 설득하는 데 꼭 필요한 자료가 빠지게 되는 오류를 줄일 수 있습니다. 이렇게 해야 필요 없는 자료가 프레젠테이션에 들어가지 않게 됩니다. 또 그런 것들을 수집하느라 시간을 허비하지 않게 됩니다. 결국 나의 프레젠테이션은 목표를 달성하는 데 도움이 되는 자료만으로 가득하게 되고, 필요 없는 것들은 끼어들 자리가 없게 됩니다.

리허설을 가급적 일찍 시작하라

또 한 가지 리허설에 대해 이야기하고 싶은 것이 있습니다.

우리의 리허설이 너무 늦게 시작된다는 사실입니다. 우리는 최종 리허설을 대개 프레젠테이션 바로 전날 저녁쯤 실시합니다. 최종 리허설에는 사장님을 비롯하여 회사의 중요 인물들이 모두 참석합니다. 그리고 프레젠터는 그동안 고민하여 완성한 프레젠테이션을 선보입니다. 리허설이 끝나면 예외 없이 지적 사항이 나옵니다. 지금까지의 준비와 흐름을 한꺼번에 흩트려 놓을 만한 '의미 있는' 지적일수도 있습니다. 또 그것이 회사 경영진이나 상사의 지적이기 때문에 반영하지 않을 수도 없습니다. 결국 허겁지겁 슬라이드를 수정하고, 내용을 변경합니다. 이러다 보니 마지막 날 밤에도 밤을 새우는 일이 허다합니다. 뿐만 아니라, 결국 내일 프레젠테이션에 들고 나갈 슬라이드는 하루 만에 급조해서 만든 '설익은 슬라이드'가 될 수밖에 없습니다.

리허설을 조금 일찍 시작하십시오. 완성된 것을 가지고 하려 하지 말고, 초안이나 스케치를 가지고 상사들 앞에서 여러 차례 하십시오. 그래야 어제 처음 생각하고, 밤 사이에 급히 만든 슬라이드를 가지고 프레젠테이션을 하게 되는 바보 같은 일을 하지 않게 될 것입니다.

"You must pay for anything."

어떤 경우에도 노력 없이 성과를 거두는 것은 불가능합니다. 무언가가 되기를 원한다면, 반드시 무언가를 해야 합니다. 프레젠테이션도 마찬가지입니다. 리허설 없이 좋은 프레젠테이션을 한다는 것은 불가능합니다. 남보다 더 많이 노력하고, 남보다 더 많이 준비해야 남들을 이길 수 있습니다. 그리고 우리가 원하는 결과를 얻을 수 있습니다. 결국 프레젠테이션의 세계에서 공짜로 얻어지는 것은 아무것도 없습니다.

스티브 잡스의
프레젠테이션이 남긴 것

Lessons from Steve Jobs

편안하면서도 좌중을 압도하는 카리스마,
청중을 사로잡는 유머와 리드미컬한 진행까지……

애플이 신제품과 신기술을 발표할 때마다 선을 보이는 CEO 스티브
잡스의 기조연설은 정말 경쟁력 있는 무기입니다. 최근 가장 주목 받
는 성공기업 중의 하나인 구글의 부사장으로, 구글의 핵심 서비스인
web search, Froogle, Google Toolbar, Google Desktop,
Google Labs 등의 아이디어를 주도했던 마리사 마이어Marissa Mayer는
이런 이야기로 제품의 마케팅을 담당하는 사람들에게 잡스의 프레
젠테이션을 들어볼 것을 권유합니다.

"신제품 소개에는 스티브 잡스가 최고예요.
꼭 와서 그가 어떻게 하는지 봐야 합니다."

구글의 부사장 마리사 마이어 ➜

이제 지금까지 살펴본 스티브 잡스의 프레젠테이션 핵심을 다시 한번 정리해 보겠습니다.

청중에게 맞는 메시지

잡스의 프레젠테이션 전체 구성은 오늘 참석한 청중, 즉 애플의 딜러들과 기자들에게 꼭 맞춰져 있습니다. 그들이 흥미 있어 할 내용들만 선별해 이야기합니다. 그리고 그들의 수준에 맞춰 이야기합니다. 그들이 누구인지 잘 알고 프레젠테이션 합니다.

넘치는 열정과 에너지

잡스의 프레젠테이션은 처음부터 끝까지 에너지가 넘칩니다. 뿐만 아니라, 그의 프레젠테이션을 보고 있노라면 그가 정말 자신의 제품에 대해 확신을 갖고 있고, 사랑한다는 느낌을 받습니다. 그런 모습을 보면서 우리도 서서히 동화되어 갑니다.

프레젠터를 따라오는 슬라이드

그의 슬라이드는 절대 그의 프레젠테이션보다 먼저 나타나지 않습니다. 우리가 흔히 하는 것처럼 일단 슬라이드를 띄워 놓고 그것을 읽어 내려가는 방식이 아닙니다. 모든 프레젠테이션이 스토리텔링과 그것을 보조해 주는 간결한 텍스트, 이미지로 이루어져 있습니다.

청중을 위한 쇼

프레젠테이션에 참석한 경직된 청중, 재판관처럼 근엄하고 권위적인 청중을 콘서트에 참석한 열성 팬처럼 바꿔 놓을 수 있는 '쇼'를 연출합니다. 그들을 끌어들이고 동기를 유발시킵니다. 넘치는 에너지와 열정으로 프레젠테이션을 이끌고 청중은 그것에 열광합니다.

최소한의 텍스트

▲ 핵심 포인트만을 강조한다

대부분의 슬라이드가 주어, 동사가 포함된 문장이 아니라 단어 한두 개로 구성되어 있습니다. 그리고 그 단어와 관련된 내용을 자신의 이야기를 통해 풀어냅니다. 누가 보더라도 핵심이 무엇인지 한눈에 알아볼 수 있으며, 잡스는 그 주제에 대해 정통한 프로처럼 보입니다.

빈 화면을 활용

프레젠테이션 할 내용을 암시하는 키워드나 이미지를 스크린에 잠깐 보여 주고 나면 아무것노 보이시 않는 어두운 블랭크 화면으로 바꾸어 놓습니다. 이렇게 해야 청중의 시선이 스크린이 아닌 프레젠터에게 집중되기 때문입니다.

🍃 커다란 폰트

잡스는 텍스트를 비주얼처럼 사용하는 'King-size typo as a visual' 기법을 즐겨 사용합니다. 프레젠테이션에 청중이 아주 많거나 혹은 프레젠테이션 룸에서 스크린과 가장 멀리 떨어져 앉아 있는 사람(대개 그 사람이 가장 중요한 인물입니다.)의 가독성까지 고려합니다.

▲ 청중의 가독성까지 고려한 치밀한 구성력

🍃 글머리 기호의 자제

글머리 기호를 거의 사용하지 않습니다. 가끔 글머리 기호를 사용할 때도 처음부터 모두 보여 주는 대신 프레젠테이션 진행에 따라 하나씩 보여 줍니다. 청중이 나의 발표를 앞서 가는 것을 방지하기 위해서입니다.

🍃 시각적 효과를 노리는 이미지 사용

잡스의 프레젠테이션은 일련의 멋진 장면들로 연결되는 한 편의 영화처럼 가슴에 남습니다. 그는 항상 자신의 프레젠테이션 내용을 적절한 이미지를 통해 시각적인 방법으로 보여 줍니다.

▲ 메시지를 이미지화해서 보여 준다

🍃 차트나 그래프는 최대한 단순하게

차트나 그래프를 사용할 때에도 전달하려는 핵심 메시지가 무엇인가와 청중이 어떻게 하면 그 내용을 쉽게 이해할 수 있을지를 판단하여 불필요하다고 생각되는 요소는 과감하게 삭제합니다.

🍃 3-Step 스피치

각 섹션의 첫 부분에서 무슨 이야기를 할 것인지를 미리 알려 주고, 다음으로 자세한 본론을 이야기한 뒤, 마지막 부분에서는 지금까지 한 이야기를 다시 한번 요약해 줍니다. 그리고 한 부분이 끝나면 잠시 호흡을 둔 다음, "OK. Next."라고 말하며 다음 순서로 넘어갑니다.

🍃 제3자의 보증을 활용

자신이 말하는 내용에 대한 신뢰도를 높이기 위해 언론이나 제3자의 이야기를 증거로 활용합니다. 그것도 적합한 종류의 증거를 적당한 양만큼 보여 줌으로써, 자신의 이야기가 자화자찬이 아니라 객관적인 진실이라는 것을 청중으로 하여금 믿게 만듭니다.

🍃 드라마틱한 스토리

같은 이야기를 하더라도 어떻게 이야기해야 더 극적으로 들릴 수 있을까를 고민하고, 그 방법을 시나리오로 만들어 프레젠테이션에 담습니다. 물 흐르듯 자연스런 구성과 스피치는 결국 이런 계획과 연습의 부산물인 것입니다.

🍃 프로그램 데모는 스스로

애플의 제품이나 프로그램의 기능에 대해 현장에서 시연이 필요할 때, 프로그램 데모를 위해 보조 인력을 사용하지 않고 본인이 직접 다 조작합니다. 이는 제품을 만든 회사의 사장이 사용법을 모른다는 인상을 남기지 않으려는 것입니다.

🍃 뜻밖의 게스트

↑ 인텔 CEO의 깜짝 등장(좌) 마돈나와 화상 대화(우)

인텔칩의 채택을 발표하는 자리에 인텔의 CEO인 폴 오텔리니Paul Otellini 를 멸균복 차림으로 깜짝 등장시키거나, 화상회의 시스템을 설명하면서 런던에 머무르고 있는 마돈나Madonna를 화상회의로 불러내는 것과 같은 연출을 즐겨 합니다.

🍃 청중의 시각에서

제품의 새로운 기능이나 특징을 이야기할 때면 언제나 '이것이 당신에게 의미하는 바는…' 과 같이 상대방에게 제품의 그런 기능과 특징이 어떤 의미와 편익을 가져다주는가를 이야기합니다. 그것이 청중의 관심사이기 때문입니다.

🍃 지루하지 않은 비디오

항상 1~2분의 짧은 비디오를 활용하지만 언제나 흥미롭습니다. 대부분의 프레젠터들이 5분, 10분이 넘는 지루한 비디오를 사용하고, 그 안에 최고의, 믿을 만한, 확실한, 탄력적인, 공감이 가는 등의 애매모호한 수식어를 가득 담는 것과는 다른 방식으로 비디오를 활용합니다.

🍃 대화하듯 자연스럽게

잡스의 프레젠테이션은 교육이나 설명이라기보다는 대화에 가깝습니다. 그는 프레젠테이션도 커뮤니케이션이기 때문에 일상생활 속의 대화처럼 이야기하는 것이 맞다고 생각합니다. 데이터를 설명하는 것이 아니라 '스토리'를 이야기합니다.

🍃 섹션 구성은 가급적 짧게

이 책은 후반부의 몇 가지 요약 챕터를 포함해서 모두 29개의 챕터로 구성되어 있습니다. 제가 그렇게 나눈 것이 아니라 잡스가 그렇게 구성한 것입니다. 챕터당 평균 소요 시간은 3분 내외입니다. 청중은 이야기를 시작한 지 7분이 지나면 더 이상 듣지 않기 때문입니다. 가급적 짧게 만드는 것이 핵심입니다.

🍃 하이라이트는 마지막에

청중이 프레젠테이션이 거의 끝나간다고 느낄 때쯤에 항상 마지막 히든카드를 내놓습니다. 예를 들면, 오늘의 프레젠테이션에서 TV 쇼의 다운로드 서비스를 마지막에 제시하는 것과 같은 방식입니다.

🍃 모든 공은 직원들에게

잡스는 모든 프레젠테이션의 마지막을 항상 이런 훌륭한 제품을 만들기 위해 고생한 애플의 직원들에게 찬사와 박수를 보내는 것으로 마무리합니다. 심지어는 애플과 기술제휴를 한 인텔과 같은 다른 회사의 직원들에게도 마찬가지입니다.

이처럼 스티브 잡스의 프레젠테이션 가치는 여러 곳에서 찾아볼 수 있습니다. 청중의 분석, 그래픽처럼 처리된 슬라이드 디자인, 꼬리에 꼬리를 무는 스토리텔링, 넘치지도 모자라지도 않는 단순한 슬라이드, 청중의 완벽한 하모니, 명쾌한 콘셉트, 멀티미디어의 활용 등의 모든 요소가 거의 완벽에 가깝습니다. 그래서 그의 프레젠테이션은 쉽습니다. 힘이 있습니다. 그래서 설득력이 있습니다. 마지막으로 그의 프레젠테이션은 아름답습니다.

Chapter 29

마지막 이야기

One more thing

비즈니스에서 성공하고 싶다면, 남보다 앞서가는 리더가 되고 싶다면 많은 사람들 앞에서 멋진 프레젠테이션을 할 수 있는 능력을 갖춰야 합니다. 스티브 잡스가 좋은 예입니다. 제가 잡스의 프레젠테이션에 특히 주목하는 이유는, 그가 전문적으로 훈련된 전문 프레젠터가 아니라 자신의 정보를 전달하고 자신의 이야기를 말하는 비즈니스맨의 한 사람이기 때문입니다.

잡스의 프레젠테이션이 긍정적인 후담과 함께 바이러스처럼 퍼져 나가는 가장 큰 이유는 미디어나 일반 소비자, 또는 잡스의 팬들이 그의 프레젠테이션 내용을 분명히 이해하고 있기 때문입니다. 그의 말을 제대로 이해하지 못했다면 그 내용을 퍼뜨릴 수 없을 것입니다. 잡스의 프레젠테이션은 말과 비주얼 모두가 분명합니다. 이것이 위대한 리더의 프레젠테이션입니다.

하지만 이 책을 통해 배우고자 하는 것은 '스티브 잡스를 흉내 내자.'나 '모두 스티브 잡스처럼 되자.'가 아닙니다. 잡스는 오늘 3,000명이 넘는 청중 앞에서 프레젠테이션을 했습니다. 뿐만 아니라, 이 프레젠테이션은 스트리밍 서비스를 통해 전 세계 수만 명의 청중에게 동시에 전달됩니다. 하지만 잡스의 프레젠테이션 스타일은 여전히 자연스럽고, 편안하고, 친근합니다. 사람들을 끌어들이고 재미있게 만들면서도 여전히 프로처럼 보입니다. 그의 스타일은 환상적이고 효과적입니다.

저는 여러분께 이 책에서 다룬 'Special Event Presentation' 이외에 애플의 사이트에 올려져 있는 잡스의 다른 프레젠테이션도 꼭 한번 보기를 권합니다.

이제 잡스의 프레젠테이션에서 다루지 않은 몇 가지 사항들에 대해 이야기해 보도록 하겠습니다.

프레젠터의 실수는 항상 눈에 띈다

프레젠터도 사람이기 때문에 무대 위에서 항상 완벽한 스피치를 할 수는 없습니다. 하지만 슬라이드는 다릅니다. 좀 더 완벽해질 필요가 있습니다. 이 슬라이드는 맥월드 키노트에서 사용했던 잡스의 프레젠테이션 슬라이드입니다.

↑ 작은 실수도 청중의 눈에는 보인다는 사실을 명심해야 한다

이 슬라이드에 두 개의 오류가 있습니다. 연도를 나타내는 캘린더에

서 2006년, 2007년을 '06, '07로 줄여서 표시했습니다. 연도를 줄여서 표시하려면 '작은따옴표'가 아니라 '어퍼스트로피'를 사용했어야 합니다. 즉 '06, '07과 같은 방법으로 표시해야 합니다. 이런 실수는 우리도 흔히 저지르는 것입니다. 물론 이것이 전체 프레젠테이션을 망칠 만큼 중대한 실수는 아닙니다.

하지만 이런 실수는 많은 청중의 눈에 띕니다. 이런 실수가 잡스의 프레젠테이션의 가치를 손상시켰다고 생각지는 않습니다. 하지만 까다로운 청중을 앞에 놓고 프레젠테이션을 하는 우리 같은 일반 비즈니스맨에게는 이런 것 하나까지도 중요하게 체크해야 할 부분입니다.

세상에 재미없는 프레젠테이션이란 없다

프레젠테이션 중에는 유난히 재미없고 지루한 것이 있습니다. 그런 프레젠테이션을 하는 프레젠터들은 "원래 내가 하는 이 프레젠테이션의 주제는 재미없는 거야."라고 변명을 합니다. 과연 그럴까요?

할리우드의 영화 제작자들은 흥미로운 실화를 영화로 만들기 위해 거금을 들여 스토리의 판권을 삽니다. 그리고 그것을 영화로 만듭니다. 하지만 흥행에 실패하는 형편없는 작품이 만들어지기도 합니다. 스토리 자체는 흥미로웠지만 영화는 재미없습니다. 문제는 대본이 아니라 연기, 촬영, 연출, 편집에 있습니다. 스토리가 아무리 좋아도 전달하는 방법이 나쁘면 이처럼 지루해질 수 있다는 것입니다. 하지만 방법만 좋으면 재미없는 주제도 흥미롭게 프레젠테이션 할 수 있습니다. 결국 문제는 프레젠테이션의 스킬입니다. 원래부터 재미없는 주제란 없는 것입니다.

지루한 프레젠테이션은 전적으로 프레젠터의 책임이다

지루한 프레젠테이션에 프레젠터로 나서거나 청중으로 참석해 본 경험이 있으십니까? 누구의 잘못일까요?

《보라 빛 소가 온다Purple Cow》의 저자이기도 한 세스 고딘은 이런 결과의 대부분은 주최측의 잘못이라고 말합니다. 대다수의 프레젠터는 실패를 피하기 위해 평균치를 선택합니다. 성공적인 프레젠테이션을 위한 새로운 기회들을 철저히 외면합니다. 그래서 모두가 비슷해집니다. 평균치의 장소, 평균치의 계획, 평균치의 프레젠터와 글머리 기호로 시작되는 평균치의 슬라이드를 선택합니다. 결국 어디선가 많이 본 듯한 전형적인 프레젠테이션이 되어 버립니다. 고딘은 임팩트를 만들려면 비전형적인 것을 생각하라고 권유합니다.

사람들의 행동을 바꾸는 것은자료나 글머리 기호가 아니다.
스토리와 변칙적인 충격이다.
그들을 끌어들이고, 그들의 감성을 움직여야 한다.

슬라이드와 유인물은 같을 수가 없다

마이크로소프트가 개발한 걸출한 소프트웨어인 파워포인트 덕분(?)에 우리는 '파워포인트 문화'라는 병을 앓고 있습니다. 많은 프레젠터가 발표에 앞서 유인물을 나눠 줄 것을 요청 받습니다. 이런 유인물을 두 꺼운 바인더에 담아 청중에게 나눠 줍니다. 청중이 받은 유인물과 프 레젠테이션 슬라이드가 똑같은 모양을 하고 있습니다. 한 개의 돌로 두 마리의 새를 잡으려는 것이지요. 파워포인트나 키노트와 같은 프 레젠테이션 툴은 유인물을 작성하기엔 적합하지 않은 '슬라이드웨어 Slideware'입니다. 프레젠테이션에 그런 것이 필요하다면 워드 프로세서 프로그램을 이용하십시오.

모든 선택과 판단의 기준은 청중이다

프레젠테이션을 준비하거나 전달하다 보면 이렇게 할까, 저렇게 할까 고민되는 경우가 있습니다. 어떤 내용을 보여 줄까, 어떤 순서가 좋을 까, 시간은 얼마가 적당할까, 어떤 이미지를 삽입할까, 누가 프레젠터 로 나설까 등등. 이 모든 경우에 가장 정확한 답변은 아마도 'case-by-case'일 것입니다. 상황에 따라 판단한다는 의미는 이 세상 모든 프레젠테이션에 공통적으로 적용되는 '불변의 룰'이란 없다는 것을 의미합니다. A에게 효과적인 방법이 B에게는 별로 좋지 않을 수 있습니다. 지난달의 성공적인 사례가 이 달에도 성공적일 거란 보장도 없습니다. 모든 것은 상황에 따라 달라집니다.

때로는 파워포인트와 같은 디지털 디바이스Digital Device를 이용하는 방식과 칠판이나 플립차트를 사용하는 고전적인 아날로그 Analogue 방식 사이에서 고민해야 할 경우도 있습니다. 이 경우에도 판단의 기준은 오직 하나입니다. 오늘의 청중에게, 오늘의

↑ 아날로그 방식으로도 성공적인 프레젠테이션은 가능하다

프레젠테이션 목표를 달성하는 데 어느 것이 더 좋은 방법인가를 생각하면 됩니다.

가끔은 컴퓨터, 파워포인트나 키노트, 프로젝터, 스크린 등의 디지털 요소들을 전혀 사용하지 않는 완벽한 아날로그 프레젠테이션을 생각해 보십시오. 나와 나의 청중, 그리고 나의 메시지만으로 이끌어가는 프레젠테이션을 생각해 보십시오.

"The computer is a moron(컴퓨터는 바보이다)."이라고 말한 피터 드러커Peter Drucker의 지적을 기억하십시오.

파워포인트가 아니라 프레젠테이션을 배워라

이미 시중에는 많은 프레젠테이션 관련 서적이 나와 있고, 저마다 성

공하는 프레젠테이션의 비법을 전하고 있습니다. 물론 그 중에는 훌륭한 책도 있습니다. 하지만 대부분의 책들은 그렇지 못한 것 같습니다.

– 한 장의 슬라이드 안에 텍스트가 7줄이 넘지 않게 하라.

– 한 줄에 7단어 이상을 쓰지 마라.

– 어떤 크기의 폰트 혹은 어떤 모양의 폰트를 사용하라.

– 전체 슬라이드를 몇 장 이내로 구성하라.

– 한 슬라이드당 설명 시간을 몇 분 이내로 하라.

대부분의 책에서 이런 비슷한 이야기들을 합니다. 많은 사람들이 사용하고 있지만 이제는 더 이상 효과적이라 생각되지 않는, 하지만 이미 프레젠테이션의 스탠더드가 되어 버린 방법들을 지속적으로 강요하고 있습니다.

프레젠테이션 스킬 강의를 마치고 나면, 가끔 수강생들로부터 파워포인트를 공부할 수 있는 좋은 책을 추천해 달라는 이야기를 듣습니다. 저는 이들이 파워포인트를 전혀 모르는 것이 아니라면, 파워포인트 서적 대신 자신의 아이디어나 메시지를 잘 표현할 수 있는 그래픽 디자인 혹은 비주얼 커뮤니케이션 기법을 공부하라고 권해 드립니다. 그리고 눈에 띄고 오래 기억되는, 강도 있는 메시지를 구성하는 방법을 익힐 것을 권유합니다. 프레젠테이션에서 중요한 것은 파워포인트의 어떤 기법을 사용했느냐가 아니라, 파워포인트를 이용해서 얼마나 훌륭한 시각적 커뮤니케이션을 구성 하느냐가 가장 중요하기 때문입니다.

잡스의 프레젠테이션 방식은 또 다른 무기이다

실제로 프레젠테이션을 하다 보면 애플의 방식이나 스티브 잡스의 스타일이 맞지 않는 경우가 종종 생길 수 있습니다. 제가 이 책을 쓰게 된 목적은 여러분 모두를 스티브 잡스처럼 만들기 위한 것도 아니고, 잡스의 스타일을 무작정 따라하게 만들려는 것도 아닙니다. 이 책의 진짜 목적은 대부분의 사람들이 도처에 만연하고 있는 '파워포인트 방식'에 너무 익숙해져 있어, 이런 방식을 한 번도 보지 못했거나 생각하지 못했던 분들에게 새로운 방식을 소개하려는 데 있습니다. 이런 방법을 채택하느냐 안 하느냐는 전적으로 여러분이 처한 프레젠테이션 상황에 따라 여러분이 결정할 부분입니다.

♠ 목적을 달성하기 위해 가장 좋은 방법을 택하는 것이 중요하다

저는 모든 프레젠테이션에 공통적으로 적용되는 절대적인 룰이란 없다고 믿습니다. 다만 프레젠테이션의 구성, 디자인, 발표에 사용될 수 있는 다양한 방법들을 제시할 뿐입니다. 직구만 던질 줄 알던 투수에게 커브나 슬라이더를 던지는 법을 알려 드린 것뿐입니다. 이제 상황에 따라 직구냐 커브냐를 선택하여 던지면 됩니다. 다시 말하자면, 상

대를 공략할 수 있는 무기를 하나 더 갖게 된 것입니다.

하지만 한 가지 분명한 것이 있습니다. 어떤 방법이 나에게 가장 익숙하고 내가 사용하기에 가장 편한 것인가가 아니라, 어느 것이 나의 청중에게 나의 목적을 달성하는 데 가장 좋은 방법인가를 생각해야 한다는 점입니다.

드물긴 하지만 어떤 경우에는 전형적인 파워포인트 스타일이 최상의 선택이 되기도 합니다. 하지만 잡스의 프레젠테이션에서 보이는 것과 같은 단순화는 대체로 보기 좋고, 아름답고, 힘 있고, 효과적입니다. 다만 그것이 쉽지 않다는 것이 문제일 뿐입니다.

제가 이 책을 쓰게 된 이유도 바로 이런 것입니다. '위대한 비주얼 커뮤니케이터'인 스티브 잡스의 놀라운 스킬을 소개해 드리고 싶었습니다. 지루하고 판에 박힌 파워포인트 프레젠테이션을 더 이상 보고 싶지 않아서였습니다.

 Epilogue

2005년 6월, 대학 중퇴의 학력밖에 안 되는 잡스가 세계 최고의 명문 대학인 스탠포드의 졸업식에 초청 연사로 등장했습니다. 아직 췌장암 수술의 후유증에서 벗어나지 못한 초췌한 모습이었습니다.

이 연설에서 잡스는 졸업을 하는 학생들에게 오늘날 자신이 있기까지의 삶의 여정을 진솔한 언어로 솔직하게 이야기했습니다. 이 연설은 스탠포드의 웹사이트에 오디오 파일로 게시된 이후 많은 사람들에게 전파되어 지금도 웹상에서 심심치 않게 발견되고 있습니다. 그의 연설이 그의 프레젠테이션처럼 훌륭하고 감동적이었기에 많은 네티즌들로부터 퍼져 나간 것입니다. 이 연설에서 잡스는 세 가지를 이야기합니다.

Connecting the dots

– 인생의 전환점에 관한 이야기

"여러분들은 현재의 순간들이 미래에 어떤 식으로든 연결된다는 걸

알아야만 합니다. 여러분들은 자신의 배짱, 운명, 인생, 카르마(業) 등 무엇이든지 간에 '그 무엇'에 믿음을 가져야만 합니다. 이런 믿음이 저를 실망시킨 적은 없습니다. 그리고 그것이 제 인생에서 남들과는 다른 모든 차이를 만들어 냈습니다."

Love and loss

_ 사랑과 상실에 관한 이야기

"노동은 인생의 대부분을 차지합니다. 그런 거대한 시간 속에서 진정한 기쁨을 누릴 수 있는 방법은 스스로가 위대한 일을 한다고 자부하는 것입니다. 자신의 일을 위대하다고 자부할 수 있을 때는, 사랑하는 일을 하고 있는 그 순간뿐입니다. 지금도 찾지 못했거나, 잘 모르겠다고 해도 주저앉지 말고 포기하지 마세요. 전심을 다하면 반드시 찾을 수 있습니다."

Death

_ 죽음에 관한 이야기

"오늘이 내 인생의 마지막 날이라면, 지금 하려고 하는 일을 할 것인가? '아니오!'라는 답이 계속 나온다면, 다른 것을 해야 한다는 걸 깨달아야 합니다. 인생의 중요한 순간마다 '곧 죽을지도 모른다'는 사실을 명심하는 것이 저에게는 가장 중요한 결정의 도구가 됩니다."

그 중에서 특히 잡스는 자신의 일에 대한 사랑을 강조합니다. 낡은 차고에서 두 명으로 시작한 애플이 10년 후에 4,000명의 종업원을 거느린 2백억 달러짜리 기업이 될 때까지 자신을 지탱하고 발전시켜 온 것은 자기가 하는 일에 대한 사랑과 확신이었음을 털어놓습니다.
'You've got to find what you love' 라는 말로 그들에게 내가 좋아하고 사랑할 수 있는 일이 무엇인지 찾아볼 것을 요청했습니다.

또한 스탠포드의 졸업생들에게 "매일을 인생의 마지막 날인 것처럼 살아라. 늘 새로운 것에 목말라 하고, 미련할 정도로 나만의 길을 가라_{Stay Hungry, Stay Foolish.}"라는 메시지를 던져 많은 이들의 가슴에 깊은 인상을 심어 주기도 했습니다.

♠ 대학 중퇴의 학력으로 스탠포드 졸업식에서 연설하게된 잡스

이 책에서 우리는 스티브 잡스의 프레젠테이션을 배웠습니다. 신제품, 신기술이 발표될 때마다 유명한 그의 기조연설과 프레젠테이션은 제품의 시장 진입에 큰 도움을 주는 경쟁 무기입니다.

이제는 그의 트레이드마크처럼 되어 버린 편안한 진과 터틀넥 셔츠 차림으로, 마치 자신의 사무실이나 작업실에서 자기가 고안한 신기한 물건을 친구들에게 보여 주듯 애플의 제품들을 프레젠테이션 합니다. 애플의 연이은 성공 신화는 어쩌면 스티브 잡스의 훌륭한 프레젠테이션 스킬의 결과일지도 모릅니다.

그가 무대에 서서 프레젠테이션 할 때마다 애플의 신기술과 신제품에

▲ 프레젠테이션은 비즈니스를
만들어 내는 근원이 되고 있다

대해 언론이 매료되고, 딜러가 매료되고, 결국 많은 소비자들이 매료됩니다. 이제 프레젠테이션은 비즈니스의 보조물이 아니라 비즈니스를 만들어 내는 근원이 되어 버렸습니다. 프레젠테이션 없는 비즈니스는 생각할 수 없는 세상이 우리 앞에 와 있습니다.

잡스의 말처럼 사람들은 자기가 좋아하는 일은 잘할 수 있습니다. 거꾸로 좋아하지 않는 일은 잘하기 어렵습니다. 프레젠테이션을 잘하고 싶다면 먼저 프레젠테이션을 좋아하도록 노력하십시오. 프레젠테이션을 좋아하려면 먼저 프레젠테이션에 대해 많이 알도록 노력하십시오. 프레젠테이션에 대한 나의 사랑이 나의 프레젠테이션의 실력으로 나타날 것입니다. 그리고 나의 프레젠테이션 실력이 프레젠테이션 성과로 나타날 것입니다. 언젠가 우리도 스티브 잡스와 같은 프레젠테이션을 하게 될 것입니다.

존 F. 캐네디John F. Kennedy는 승리와 패배에 대해서 이런 이야기를 남겼습니다.

"Victory has a thousand fathers but defeat is an orphan."
승리는 아버지가 수천 명이지만, 패배는 고아와 같다.

승리를 손에 거머쥐려면 승리할 수밖에 없는 수많은 전제 조건들이 충족되어야 하지만, 그 중 어느 하나라도 잘못되면 패배를 겪게 된다는 말입니다. 프레젠테이션이 바로 그렇습니다. 프레젠테이션에서 승리하고 성공하려면 그것을 위해 필요한 모든 요소들을 다 갖추고 있어야 합니다. 우리가 스티브 잡스의 프레젠테이션을 보면서 이야기했던 모든 것들이 완비되어야 합니다. 하지만 그 중 어느 하나라도 소홀하거나 부족하게 되면 결과는 실패로 끝나고 맙니다.

Be More Perfect!

이것만이 프레젠테이션의 세계에서 승리하는 유일한 방법입니다.

C&A Expert

1991년, 대한민국 최초로 종합광고, 마케팅, 홍보 등을 교육시키는 교육기관이 탄생했습니다. '광고연구원'이란 이름의 이 교육기관은 광고업계로 진출하고자 하는 많은 예비 광고인들을 양성하고, 현직에 근무하는 광고인들을 위한 보수 교육을 실시해 왔습니다.

2005년 6월, 광고연구원은 사업 다각화를 위해 'C&A Expert'로 사명을 변경하고, 비즈니스 커뮤니케이션 분야의 교육 프로그램을 추가했습니다. C&A란 'Communication & Advertising'의 약자로, 기존의 광고 영역 이외에 비즈니스 커뮤니케이션 교육 영역이 추가되었음을 의미합니다.

사명 변경과 함께 20년 가까이 광고계에 근무했던 김경태 원장을 대표이사로 영입하고, 프레젠테이션, 사업기획, 세일즈, 리더십, 협상, 미디어 스킬 등 비즈니스에 꼭 필요한 커뮤니케이션 스킬을 교육하고 있습니다.

아울러 기업의 상황과 목표에 꼭 맞는 맞춤교육을 위해 '기업체 위탁교육'도 실시하고 있으며, 다양한 비즈니스 커뮤니케이션 방법에 대한 컨설팅도 제공하고 있습니다.

제조업, 서비스업, 유통업, IT, 건설, 금융, 병원, 학교, 공공기관 등 거의 모든 분야에서 앞서 가는 리딩 컴퍼니들이 오늘도 C&A Expert의 교육을 통해 자신들의 조직과 구성원들의 역량을 개발하고 있습니다.

"The professional Training Beyond Books."
책에서는 배울 수 없는 것을 가르친다.

C&A Expert의 슬로건입니다. C&A는 이 슬로건처럼 책에서는 배울 수 없는 생생한 현장의 경험과 노하우를 가르칩니다. 오늘 강의에서 배운 것들이 내일부터 수강생의 생활의 일부가 되도록 만들어 드립니다.